Romeo Alavi Kia

Stimme – Spiegel meines Selbst

Romeo Alavi Kia

Stimme
Spiegel meines Selbst

Ein Übungsbuch

Mit einem Vorwort
von Joachim-Ernst Berendt

AURUM VERLAG

Mit 98 Schwarzweiß Fotografien
von Aleksandra Pawloff
Titelfoto von Aleksandra Pawloff

Die Deutsche Bibliothek – CIP-Einheitsaufnahme

Alavi Kia, Romeo:
Stimme – Spiegel meines Selbst: ein Übungsbuch/
Romeo Alavi Kia. – 4. Aufl. – Braunschweig: Aurum Verl., 1997
ISBN 3-591-08297-X

1. Auflage 1991
2. Auflage 1992
3. Auflage 1994
4. Auflage 1997
ISBN 3-591-08297-X
© by Aurum Verlag GmbH, Braunschweig
Gesamtherstellung: Westermann Druck Zwickau GmbH

Inhalt

Dank all meinen »Schülerinnen und Schülern«, die meinen jetzigen Erfahrungsstand ermöglicht haben; Dr. Juliane Molitor für ihre Hilfe und Unterstützung von Verlagsseite; meiner Frau Mandana für ihre Inspiration, ihren geschmeidig-beweglichen Körper und das Mehr an Hausarbeit (ich werde es nachholen!); meinen Töchtern Sara und Alina dafür, daß sie mich nur soviel von der Arbeit abhielten, daß das Buch noch rechtzeitig fertig werden konnte; ferner Herta und Dr. Thomas Hansen und Franziskus Rohmert für ihre freundliche Hilfe.

Vorwort

Ich habe Romeo Alavi Kia in einem der Sommercamps kennengelernt, die der Sufimeister Pir Vilayat Inayat Khan alljährlich in den Alpen veranstaltet. Es war ein Musik-Camp, und wir waren viele Gruppenleiter, Therapeuten, Chor-, Gesangs- und Instrumentallehrer: Helfende auf dem Weg des Hörens. Romeos Seminar fand täglich zur selben Zeit statt wie meines. Ich konnte es nie besuchen, aber mir fiel vom ersten Tag an auf, daß die Teilnehmer aus keiner Gruppe so strahlend und verinnerlicht kamen wie aus seiner. Wir Gruppenleiter trafen uns täglich zu einer Besprechung. Romeo sagte fast nie etwas. Er war einfach nur da. Wenn er allerdings mal nicht da war, merkte man es sofort.

In den darauffolgenden Jahren ergab es sich mehrfach, daß Teilnehmer meiner Workshops auch in seine gingen – und umgekehrt. Jedesmal wenn ich einen Kursteilnehmer hatte, der schon bei Romeo gewesen war, konnte ich sicher sein, daß er oder sie die Gruppe in besonderem Maße bereicherte.

Jetzt nun, nach Jahren des Lehrens und Lernens, des Erfahrens und Lebens, legt Romeo Alavi Kia sein Lehrbuch vor, aber von Anfang an vertauscht er die Positionen: Der Lernende ist der Wissende, und der Lehrende ist der Suchende. Der Schüler weiß ohnehin alles. Der Lehrer macht ihm lediglich bewußt, was sein Körper, was seine Gene gespeichert haben. Er ist sozusagen Geburtshelfer.

Dies ist eine radikale Umkehrung des üblichen Lehrer-Schüler-Verhältnisses. Laotse und die großen Taoisten des alten China haben so gelehrt. Was das Rad zum Rade mache, seien nicht die Speichen, sondern die Leere zwischen ihnen, sagt das Tao Te King. Was den Schüler zum Könnenden macht, ist nicht die Lehre des Lehrers, sondern die reine Leere seines Höheren Selbst, in die Fülle und Können strömen wollen und müssen. Dieses Strömen löst der Lehrer aus – ein Lehrer wie Romeo. Er lehrt keine hohen Cs, keine Technik, kein System. Stimme lehren heißt für ihn: den inneren Menschen »stimmen«. Wenn der stimmt, dann erhebt sich seine Stimme mächtig und wunderbar.

Der Weg der Stimme, wie er hier beschritten wird, ist ein Weg des Körpers, in dem das gesamte Wissen der menschlichen und tierischen Evolution gespeichert ist. Es ist der den Körper liebende Weg uralter weiblicher Weisheit. Wir haben dreimal so viele Haarzellen in der Cholea unseres Innenohrs, um Schwingungen in hohen Frequenzen zu hören – in den Höhen weiblicher Stimmen – als Sensoren für tiefe Schwingungen, etwa in der Höhe einer Baßstimme. Es ist nicht denkbar, daß die Evolution das zufällig so eingerichtet hat. Die erste Stimme ist für jeden Menschen eine weibliche – die seiner Mutter. Und weil das im Leben jedes einzelnen Menschen so ist, war es auch in der Evolution der menschlichen Spezies nicht anders. Der Paläolinguist Richard Fester hat gezeigt: Es waren die Frauen, die die Menschen das Sprechen gelehrt haben, und diese Tatsache ist noch heute in allen Sprachen der Menschheit gespeichert. Man muß ihre Codes nur knacken.

Das Wort »hoch« war zuerst ein räumlicher Ausdruck. Wer auf einem Hügel oder auf einer Bergkuppe stand, stand höher als die anderen, war »höher gestellt«. Ein paar hunderttausend Jahre lang standen dort oben die Frauen (die siebentausend Jahre Patriarchat sind damit verglichen ein Klacks). Wer oben steht, hat(te) eine höhere Stimme. Das ist eine Tatsache, an die sich das Patriarchat selbst noch auf seinen Höhepunkten erinnert. Priester und Richter tragen noch heute Kleider – Talare und Roben –, die ursprünglich Frauenkleider waren. Und wenn schon die Frauen in der Kirche und in der Gesellschaft nicht mehr singen durften, dann holte man(n) sich eben hohe Stimmen: Falsettosänger, Kastraten, Knaben.

Dieses Buch ist nicht nur das Lehrbuch eines Suchenden und ein Lernbuch für Wissende; es ist auch ein spannendes Lesebuch. Man/frau muß es lesen, um singen zu lernen, und wird es mit Lust lesen. Es ist ein Buch, das in jedem Lesenden, bereits bevor er zum Übenden wird, den Wunsch nach Stimme und das Bewußtsein singen zu wollen – und zu können – evoziert. Es knackt den Code der Stimme in uns.

In den vierzig Jahren, in denen ich mit Musik arbeite, sind Dutzende von Musiklehrbüchern über meinen Schreibtisch gewandert. Oft wurde ich gebeten, ein Vorwort für sie zu schreiben. Manchmal habe ich es getan, meist habe ich es abgelehnt. Noch nie aber habe ich ein musikalisches Lehrbuch gesehen, das so völlig abweicht von all den anderen, die es schon gibt, und für das ich so gern ein Vorwort schrieb wie für dieses.

Die Stimme verhält sich zum Stumm-Sein wie die Lehre zur Leere. Die tiefe Weisheit der Sprache führt die Wortpaare, die für unseren Kopf so völlig Gegensätzliches bezeichnen, auf das jeweils gleiche Wort zurück. Stimme erwächst aus Schweigen und Stille wie die Lehre aus der Leere erwächst. Fülle kann allein in die Leere dringen. Wer ge-lehrt ist, der ist schon voll und wird nie innere Fülle erfahren. Wer aber ge-leert ist, der wird zum Behältnis der Fülle.

In diesem Sinne bietet dieses Buch viel mehr eine Leer- als eine Lehr-Methode. Der Weg der Stimme wird hier zum spirituellen Weg, zu einem Weg, der den, der ihn beschreitet, dazu führt, seine Stimme zu erheben – zum Lobe der Schöpfung. Denn dies ist der eigentliche Sinn allen Gesangs.

Joachim-Ernst Berendt

Einleitung

Die Stimme eines Menschen ist nicht nur sein wichtigstes Mittel zur Kommunikation, sie ist auch ein Barometer für alles, was sich in diesem Menschen abspielt – ein Spiegel seines Selbst. Wir hören sehr wohl, ob jemand »in Stimmung« ist oder nicht, und zwar ganz unabhängig davon, was er oder sie sagt. Das weist uns darauf hin, daß die Zuhörer von jeher Antennen hatten, um jene Qualitäten aufzuspüren, die zwischen den (gesprochenen oder gesungenen) Zeilen liegen. Ein gesprochener oder gesungener Vortrag kann technisch gelungen sein und die Zuhörer dennoch nicht wirklich erreicht haben. Dies geschieht, wenn ein Aspekt im ganzheitlichen System des Menschen nicht stimmt und der Betreffende dadurch in seiner vollen »Funktionsweise« eingeschränkt wird.

Für die Stimmbildung ergibt sich daher die Notwendigkeit einer Entfaltung (im Sinne von Befreiung) des Menschen, und zwar körperlich, geistig, emotional und seelisch. Das Wissen um die Notwendigkeit einer ganzheitlichen Arbeit scheint seit der Mitte des 19. Jahrhunderts, als wissenschaftliche Methoden zur Erforschung der Stimme immer populärer wurden, weitgehend in Vergessenheit geraten zu sein. Nicht zufällig beklagt man seit dieser Zeit, das Ende des »Goldenen Zeitalters« der Stimme.

Dieses Buch ist der Versuch, ein ganzheitliches und im weitesten Sinne gesundmachendes System für die Stimmbildung zu formulieren. Jahrelange Beobachtungen verschiedenster Stimmphänomene und ihrer Veränderungen durch die Anwendung dieses Systems haben es mir ermöglicht, meine Erfahrungen nun in dieser kompakten Form weiterzugeben.

Romeo Alavi Kia
Wien, im Dezember 1990

Von der Theorie ...

Die Entwicklung der Singstile

Das frühe Ideal – ein weibliches?

»Die musikalische Ästhetik des Mittelalters huldigte zweifellos dem Ideal der hohen Stimme.« So etwa könnte die bereitwillige Auskunft eines Musikwissenschaftlers oder -historikers auf die Frage nach dem für heutige Begriffe »frühen Klang« lauten. Fragen wir, warum das so war, werden wir schon weniger präzise Auskünfte bekommen können. Eine mögliche Erklärung wäre, daß die Stimmlage des gesamten damals gebräuchlichen Instrumentariums (Drehleier, 4-chörige Laute, Fiedel, Schoßharfe etc.) tief war und sich daher die Singstimme deutlich von den Instrumenten abzusetzen hatte. Das ist zwar ein Faktum, beantwortet unsere Frage jedoch nicht wirklich. Daher scheint es mir erforderlich, eigene Betrachtungen zur Entstehungsgeschichte des hohen Stimmideals anzustellen. Immerhin sollte es uns – wie wir später sehen werden – mehr als ein halbes Jahrtausend lang erhalten bleiben.

Wie heute bekannt ist, vollzog sich der Siegeszug des Christentums nur sehr langsam. Es sollte nach dem Tod Christi einige hundert Jahre dauern, bis die Kirche ihre Machtposition endgültig etablieren konnte. In den vorangegangenen, von der Kirche abwertend als heidnisch bezeichneten Religionen wurden Göttinnen verehrt. Diese Kulte lassen sich bis ins 7. Jahrtausend v. Chr. (Çatal Hüyük) zurückverfolgen. Etwa seit dem 3. Jahrtausend v. Chr. etablierte sich der Isis-Kult. Dieser ursprünglich ägyptische Kult sog im 2. Jahrtausend andere Göttinnenkulte in sich auf und verbreitete sich von da an zusehends im gesamten Mittelmeerraum. Um etwa 400 v. Chr. erreichte er Griechenland, wo er das religiöse Leben ca. 800 Jahre lang bestimmte, und im 2. Jahrhundert Italien. Die letzte Isis-Prozession wurde in Rom im Jahre 394 abgehalten, und der letzte Isis-Tempel auf Philai wurde erst im Jahre 560 n. Chr. geschlossen.

Offensichtlich war der Göttinnenkult derart im Bewußtsein der Menschen verankert, daß die Kirche hinsichtlich des weiblichen Prinzipes Zugeständnisse machen mußte, wollte sie überhaupt eine Aussicht auf Erfolg haben. So wurde auf dem Konzil im Jahre 431 Maria in den Stand der

Gottesgebärerin erhoben, und das Prinzip der im Bewußtsein des Volkes fest verankerten Muttergöttinnenverehrung fand seinen modifizierten Platz innerhalb des Christentums.

Schauen wir uns nun die Bräuche in den Tempeln der Isis etwas näher an. Priesterinnen vollzogen die Riten, und Männer waren aus dem kultischen Geschehen ausgeschlossen. Denn, so Christa Mulack, »wo sich das göttliche Weibliche mit dem irdischen Weiblichen verbindet, darf Männliches nicht zugegen sein«.[1] Und zwangsläufig waren jene Priester, die später in den Tempeln der Isis Dienst taten, Eunuchen.

Es steht wohl außer Frage, daß der Gesang innerhalb des Rituals seinen festen Platz hatte. Zwar ist uns über die Art und Weise des Gesanges nichts überliefert, jedoch können wir davon ausgehen, daß es sich hierbei um spezielle Vokalformen handelte, die sich in sehr hoher Tonlage, möglicherweise im Obertonbereich, bewegten. Finden wir in den Überlieferungen Hinweise auf die magischen Fähigkeiten der Stimmen von Priesterinnen, so gibt uns die Tatsache, daß heute das Obertonsingen immer stärker zu Heilzwecken eingesetzt wird, einen weiteren bestätigenden Hinweis dafür, daß bei diesen sehr frühen rituellen Vokalformen mehr oder weniger ausschließlich hohe Stimmen eingesetzt werden. So wird noch heute das Jodeln bei Pygmäenvölkern, soweit mir bekannt ist, ausschließlich von Frauen praktiztiert.

Es hatte sicherlich eigene Gründe, warum schließlich Männer, wenn auch sterilisiert, zum Dienst in den Tempeln zugelassen wurden. Jedoch können wir davon ausgehen, daß sie die Riten und damit auch die Gesangsformen exakt zu imitieren suchten. Die Gesänge konnten nicht einfach eine Oktav tiefer transponiert und somit der natürlichen Lage der Männerstimmen angepaßt werden, weil die Gefahr bestand, sie könnten ihre magische Qualität verlieren. Ist viele Jahrhunderte später in den gesangstheoretischen Schriften der Italiener hinsichtlich des Gebrauches der sehr hohen Männerstimme den Begriff *falsetto* als auf etwas Falsches hinweisend zu finden, so besteht die Möglichkeit, die Ursprünge für diesen Begriff bereits bei den Priestergesängen des Isis-Kultes zu suchen.

Hatten die Priester erst einmal das gesamte göttlich-weibliche Wissen verinnerlicht, so spielten sie von da an eine wesentliche Rolle bei der Kontrolle der göttlich-weiblichen Macht. Tempelpriesterinnen wurden zu Tempelprostituierten gemacht. Daß sicherlich nicht nur die geistig-spirituelle, sondern auch die sexuelle Macht der Frauen kontrolliert werden mußte, wird auch durch die spätere Funktion von Eunuchen als Haremswächter bekräftigt. Jedenfalls bestand in der sukzessiven Ablösung der Priesterinnen durch Priester, die sich im Besitz des Wissens um die Riten befanden, die Möglichkeit, Frauen immer mehr vom rituell-kultischen Geschehen fernzuhalten. Möglicherweise hatte der frühe Harem eine derartige Ausschalt- und Kontrollfunktion hinsichtlich der Bräuche und somit auch der Gesänge.

Die Kirche bekräftigte nach der endgültigen Stabilisierung ihrer Machtposition diesen Aspekt durch die Tatsache, daß Frauen von nun an in der Kirche zu schweigen hatten. Dahingehende chauvinistische Bestrebungen finden sich bereits in dem berühmten Paulusbrief an Timotheus, wo es heißt: »Laßt die Frauen mit all ihrer Unterwürfigkeit in Stille lernen; aber ich dulde weder, daß eine Frau lehrt, noch daß sie sich Autorität über Männer aneignet, (sie soll) lediglich in Stille sein.« Dieses Gebot wurde von den Kirchenvätern durchaus wörtlich genommen, und Gilbert of Sempringham bestätigte mit den Worten: »Wir gestatten es unseren Nonnen nicht zu singen. Wir verbieten es ihnen absolut und ziehen es vor, indirekt mit der Gesegneten Jungfrau Hymnen zu singen, als die Sinne der Schwachen durch Herodes' berüchtigter Tochter mit lasziven Weisen zu verdrehen«, die sukzessive und immer erfolgreicher verlaufende Unterdrückung der Frauen hinsichtlich der kirchlichen Riten (und damit des Gesanges).

Waren also eindeutig Frauen für die Überlieferung der rituell-kultischen Gesänge und das somit sehr stark im Volksgeist und -geschmack verwurzelte Ideal der hohen Stimmen verantwortlich, so mußten sie sich dennoch aufgrund der männlich-kirchlichen Machtübernahme gefallen lassen, daß ihre rituellen und musikalischen Aktivitäten immer mehr kontrolliert, domestiziert und schließlich vollständig eliminiert wurden.

Die hohe Stimme – Domäne der Männer

Nach der endgültigen Stabilisierung ihrer Machtposition war es für die Kirche offensichtlich notwendig, ein musikalisch-gesangliches Exempel zu statuieren, um den im Bewußtsein des Volkes verwurzelten heidnischen Riten sowie dem damit verbundenem Gebrauch der hohen Singstimme etwas entgegenzusetzen. So wurde, als man um 800 den gregorianischen Choral festlegte, der Gebrauch der normalen Männerstimmlage vorgeschrieben. Und ironischerweise findet man einige Jahrhunderte später (14. Jahrhundert), als Frauen mehr oder weniger endgültig aus dem musikalischen Geschehen ausgeschlossen waren, den Begriff *vox integra*, die unschuldige Stimme, als Terminus zur Bezeichnung der normalen Männerstimmlage. Begriffe wie Schuld, Unschuld oder Reinheit waren durch kirchliche Definition starken Wandlungen unterworfen, und so wundert es nicht, daß die Troubadoure (männliche und weibliche) der Kirche ein Dorn im Auge gewesen sein mußten, gingen sie doch in der Entwicklung ihrer Lyrik und in ihrem Singstil einen von kirchlicher Vorgabe völlig verschiedenen Weg. Finden wir bei den Troubadouras eine stark ausgeprägte, in heutigem Sinne feministische Frauenlyrik – möglicherweise weist der Name einer der berühmtesten Troubadourfrauen, Beatrice de Dia (ca. 1160–ca. 1212), in seiner Doppeldeutigkeit auf die Anknüpfung an die Tradition weiblicher Gottheiten hin (Dio = Gott) –, so finden wir auch bei den männlichen Troubadouren die Verehrung eines Frauenideals, völlig verschieden von kirchlichen Vorgaben.

Die Troubadourlyrik hatte, besonders zwischen dem 12. und 13. Jahrhundert, ihren festen Platz an den europäischen Fürstenhöfen. Aus nicht zuletzt materialistischen Gründen waren die Dichtersänger bestrebt, eine Anstellung als Hofsänger und die damit verbundene Protektion des Fürsten, Königs oder Kaisers zu bekommen. So ist beispielsweise überliefert, daß am Hofe Friedrichs II. auf Sizilien eine eigene Dichterschule eingerichtet wurde, in der Troubadoure unterschiedlichster Herkunft (Orientalen, Sarazenen sowie auch provenzalische Dichtersänger), sich gegenseitig befruchtend, an der Vervollkommnung ihrer Lyrik arbeiten konnten. Wir wissen auch, daß Friedrich selbst sich lieber der Kunst und der Wissenschaft zuwandte, als sein Versprechen gegenüber dem Kreuz einzulösen.

Es ist nicht überliefert, ob auch weibliche Troubadoure an europäischen Fürstenhöfen »angestellt« waren. Dies jedoch wage ich zu bezweifeln, nicht zuletzt deshalb, weil die Autorität und der damit verbundene Einfluß der Kirche auf die europäischen Fürstenhöfe derart stark war, daß selbst Kaiser Friedrich, der Sultan von Capua, nur widerwillig sein Versprechen dem Papst gegenüber einlöste und gegen jene Kulturen vorging, die er eigentlich so sehr liebte. Und wir wissen über Walther von der Vogelweide (1170–1230), daß er es trotz seines Ruhmes nicht schaffte, am Wiener Hofe als Sänger unterzukommen. Dies erklärt sich sicherlich auch durch die Tatsache, daß er den seinerzeit gültigen Minnebegriff, der vom kirchlich-reinen Frauenideal geprägt war, durch den Begriff der *herzeliebe* (echte Partnerschaft zwischen Mann und Frau) ersetzte.

Die Troubadourlyrik entsprach allgemein um so mehr der »Volksseele«, als man davon ausgehen muß, daß noch bis ins späte Mittelalter hinein das

Prinzip der Göttinnenverehrung überall in Europa anzutreffen war. Um so sicherer können wir davon ausgehen, daß die Kirche froh war, als die hohe Kunst dieser gesungenen Dichtung im 14. Jahrhundert schließlich und endlich ihren Niedergang fand.

Daß diese Lyrik in hoher Stimmlage (Kopfstimme bei Männern) gesungen wurde, bezeugen die überlieferten Handschriften. Unter Umständen waren die Troubadoure vom Singstil der Eunuchen beeinflußt. Es ist überliefert, daß Eunuchen bereits im frühen Mittelalter als Sänger eingesetzt wurden. Die hohe Singstimme (auch bei Männern) erfreute sich großer Beliebtheit und hat nicht zuletzt aufgrund ihrer tiefen Verwurzelung in der »Volksseele« zur Ausformung der sanglich-ästhetischen Prinzipien des Mittelalters geführt. Das sollte, zumindest was das einstimmige weltliche Liedgut (begleitet oder unbegleitet) anbelangt, bis ins späte 17. Jahrhundert hinein auch so bleiben.

Betrachten wir nun die musikalischen Entwicklungen innerhalb der Kirche. Man kann davon ausgehen, daß Kontrapunkt und Harmonik, so wie sie später für unsere gesamte westliche Musik verpflichtend werden sollten, hier ihren Anfang genommen haben. Hinsichtlich der sich entwickelnden Zweistimmigkeit, der sogenannten *Organa*, traf man eine genaue Unterscheidung zwischen Haupt- und Nebenstimme. Die Hauptstimme (vox principalis oder tenor) wurde nach wie vor dem gregorianischen Choral entnommen. Ihr Stimmumfang war zunächst nicht beständig. So finden wir beispielsweise Hauptstimmen, die sich nach heutigen Gesichtspunkten im Bereich der Tenorstimme befinden, manchmal allerdings mehr Baritoncharakter hatten und darüber hinaus sogar in Altlage aufscheinen. Diesem Tenor wurde zunächst eine Begleitstimme, die sogenannte *vox organalis*, hinzugefügt, welche sich zunächst unterhalb, dann auch oberhalb der Hauptstimme, gegebenenfalls sogar ober- und unterhalb der Organalstimme in Oktavengängen bewegte. Man muß sich vor Augen halten, daß es sich bei der Entwicklung der frühen Organa wahrscheinlich um die Ergebnisse eines jahrelangen Experimentierens gehandelt hat. Zwar nicht in einem logisch-kreativen Sinne, sondern vielmehr instinktiv, eventuell aus dem Wunsch heraus, nicht immer dasselbe zu machen, oder sogar, weil jemand seine Stimme nicht halten konnte, entstand mehr oder weniger zufällig frühe Mehrstimmigkeit. Die Bewegung der Stimmen war immer parallel zueinander (Parallelorganum), jeder Note der Hauptstimme wurde eine Note der Organalstimme entgegengesetzt, und als Intervalle finden wir Einklänge, Sekunden, Terzen, Quarten und Quinten.

Ab dem 11. Jahrhundert etwa wurde festgelegt, daß sich die Organal-stimme ausschließlich über dem Tenor zu bewegen hatte. So finden wir ab der Mitte des 12. Jahrhunderts das sogenannte *freie Organum,* wo nicht länger Note gegen Note gesetzt wird, und die Organalstimme bewegter zu werden beginnt. Die alte Form blieb als sogenannter *Discantusstil* sehr populär, und die neue Form wurde von jetzt an schlicht als Organum bezeichnet. Diese Form der Diminution innerhalb des neuen Stiles wurde nun durch die Entwicklung des melismatischen Organums verstärkt. Jetzt standen einem neuen sehr fließenden und frei geführten Kontrapunkt Tür und Tor offen.

Während der Tenor (tenere = halten) weiterhin in großen Noten geführt wurde, konzentrierte man sich bis zum 12. Jahrhundert auf die Ausformung der zwei, in manchen Fällen drei hinzugefügten Organalstimmen: »*Duplum*« als zweite Stimme, manchmal auch als *motetus* (mit Text) bezeichnet, »*Triplum*« (evtl. Ursprung für das engl. »treble«) und darüber hinaus, besonders bei Perotin, »*Quatruplum*«, der vierte Part. Ab dem 12. Jahrhundert gab es Bestrebungen, sich von der Bindung des Tenors an den Choral zu befreien. Es entstanden »Conductus-Melodien«, die den Choraltenor ablösen sollten, allerdings in gleicher Weise harmonisiert wurden.

Gegen Ende des 13. Jahrhunderts kam es durch die Einführung des Contratenores zu einer sich mehr und mehr etablierenden vierstimmigen Satzweise. Vom berühmtesten »Ars Nova«-Vertreter Guillaume de Machaut (1300–1377) stammt die erste vollständige vierstimmig-polyphone Messe. Hierbei entsprangen die Tenores sowohl dem Choral, als auch dem Conductus-Stil (Gloria, Credo).

Es erhebt sich nun die Frage, welche Stimmlagen entsprechend den musikalischen Anforderungen eingesetzt wurden, besonders, da die immer komplizierter werdende Linienführung in der Musik ab dem 14. Jahrhundert erhöhte sängerische Anforderungen an die Ausführenden stellte. So sind uns bereits aus dem 11. Jahrhundert, also im direkten Anschluß an erste Experimentierversuche hinsichtlich einer möglichen Zweistimmigkeit, Anleitungen für die Ausbildung von Knabenstimmen überliefert. Die Chorknaben waren in Internaten untergebracht, und neben einer allgemeinen Ausbildung erhielten sie Unterweisung in liturgischem Gesang sowie im Singen der sich mehr und mehr entwickelnden polyphonen Musik. Es entwickelten sich Systeme, die den Knaben innerhalb kürzester Zeit perfektes Singen vom Blatt ermöglichen sollten. So schrieb bereits Guido von

Arezzo (992–1050): »Sollte irgend jemand bezweifeln, daß ich die Wahrheit sage, so laßt ihn kommen und einen Test machen und hören, was junge Knaben unter unserer Führung vollbringen. Knaben, die bisher für grobe Unwissenheit in den Psalmen geschlagen wurden.« Wir können also davon ausgehen, daß bereits im frühen Mittelalter Knaben zum Singen der hohen Chorparts eingesetzt wurden.

Als Solisten wurden Knaben in der Regel jedoch nicht eingesetzt. Hierfür bediente man sich der Falsettisten. Das Singen in hoher Männerstimmlage hatte ja, wie bereits erwähnt, eine lange Tradition, und die Systeme zur Ausbildung von Falsettstimmen konnten im Laufe der Zeit sehr perfektioniert werden. Besonders die Spanier hatten eine, als großes Geheimnis gehütete Methode zur Ausbildung von Falsettisten entwickelt. Die Besonderheit dieses Systemes bestand darin, daß der Stimmambitus nach oben hin sehr weit entwickelt werden konnte, so daß spanische Falsettisten in der Lage waren, die Sopranparts zu übernehmen. Die besonders ab dem 14. Jahrhundert immer komplizierter werdende Gesangstechnik machte es den Knaben schließlich unmöglich, Soloparts zu übernehmen. Dies hatte nicht zuletzt den Grund, daß die einsetzende Pubertät und der Stimmbruch die Karriere der Knaben in dem Moment beendete, in dem ihre musikalischen Fähigkeiten weit genug entwickelt waren. Außerdem bevorzugte der allgemeine musikalische Geschmack die lautere und tragendere Singstimme der Falsettisten. So ergaben sich alsbald Mischformen auch in der chorischen Besetzung. Knabenstimmen wurden durch einen oder mehrere Falsettisten unterstützt, und dies hatte zur Folge, daß der Chorklang insgesamt voluminöser wurde. Bald jedoch sollte sich ein wesentlicher Nachteil herausstellen. Das häufige Engagement und die damit verbundene stimmliche Beanspruchung von Falsettsängern führte zur Überbeanspruchung ihrer Stimmbänder und zu damit verbundenen stimmlichen Problemen.

Man kann sich leicht vorstellen, daß ein Weg gefunden werden mußte, um der überaus starken Nachfrage nach Sängern, besonders Solisten, für die hohen Parts zu begegnen. Und so erwähnte man 1562 erstmals einen Kastraten als Sänger der Sixtinischen Kapelle. Zwar wurden in der italienischen Musik des 16. Jahrhunderts die hohen Parts von Falsettisten (meist spanischer Herkunft) gesungen, darunter so berühmte Musiker wie Cristobal Morales (1500–1553) oder Tomas Luis da Victoria (1548–1611), ferner Francisco Soto (1539–1619), von dem man sagte, er habe sich seine Stimme bis zum achtzigsten Lebensjahr erhalten können, aber dennoch war der neue Weg beschritten, und der letzte spanische Falsettist der Sixtinischen Kapelle, Giovanni di Sanctos, starb 1625.

Die Kastratenstimme kam sehr rasch in Mode und sollte das musikalische Geschehen zumindest für die nächsten 200 Jahre entscheidend mitbestimmen. Der letzte Kastrat der päpstlichen Kapelle in Rom, Prof. Alessandro Moreschi, starb erst 1924.

Gehen wir nun jedoch der Frage nach, wie Kastraten zustande kamen. Hier sei zunächst die Möglichkeit von Krankheiten erwähnt. Manche Krankheiten, wie beispielsweise Mumps, verursachen bei einem am Beginn der Pubertät stehenden Kind die Unterdrückung der für eine normale sexuelle Entwicklung verantwortlichen Hormonausschüttung. Während man heute die daraus resultierenden Probleme leicht durch Injektionen der erforderlichen Hormone beheben kann, bedeutete es für die damals Betroffenen eine enorme Beeinträchtigung ihrer geschlechtlichen Reifung. Darüber hinaus wurden das Wachstum der Körperhaare sowie die Vergrößerung des Kehlkopfes und die Verlängerung beziehungsweise Verdickung der Stimmbänder behindert. Folgerichtig kam es auch zu keinem Stimmbruch, und die erwachsenen Sänger konnten sich ihre hohe Stimmlage erhalten. Ferner war es ihnen durch die Entwicklung der Lungenkapazitäten und der Resonanzräume möglich, sehr lange musikalische Phrasen auf einen Atemzug zu singen (50 Sekunden oder länger).

Die zweite Möglichkeit bestand in Kastration, beispielsweise durch einen Unfall des Kindes. Obwohl so etwas vorkommt, kann man doch davon ausgehen, daß es nicht sehr häufig ist. Ein Unfall oder die Operation nach einem Unfall war zunächst der einzige Grund für eine Kastration, der von der Kirche akzeptiert wurde, die sich im übrigen auch gegen die Beibehaltung der Kastration als Strafe für Verbrechen ausgesprochen hatte. Man kann sich vorstellen, daß, besonders unter Berücksichtigung der damaligen medizinisch-hygienischen Verhältnisse, Kastration eine außergewöhnlich harte Strafe darstellte.

Da man jedoch mit den erwähnten Möglichkeiten (Krankheit oder Unfall) einfach nicht den enormen Bedarf an hohen Stimmen abdecken konnte und Falsettisten immer schwerer zu haben waren, kam als dritte und letzte Möglichkeit nur noch die gesetzlich freigegebene Kastration von Knaben in Frage. Da man in jener Zeit noch nicht über Anästhesie verfügte, setzte man die Knaben nach der Verabreichung starker Drogen (Opium) in ein sehr heißes Bad, um sie so relativ unempfindlich dem Eingriff gegenüber zu machen. Anschließend wurde mit einem Schnitt der Hodensack geöffnet

20

und die Samenleiter durchtrennt. Das hatte zur Folge, daß sich die Hoden nicht mehr entwickelten und manchmal sogar verkümmerten oder ganz verschwanden. Es liegt auf der Hand, daß eine derartige Operation durchgeführt werden mußte, noch bevor die Knaben in die Pubertät kamen. Die Kastration eines Erwachsenen hätte den gewünschten Effekt nicht hervorgebracht.

Zwar schrieb das Gesetz der Zeit vor, daß das Kind selbst den ausdrücklichen Wunsch nach einer Kastration zu äußern hatte, jedoch sprechen die Zahlen dafür, daß die Entscheidungen von außen sehr stark beeinflußt wurden (in Italien, besonders in Neapel und Bologna, waren es im 18. Jahrhundert etwa 4000 Kinder jährlich). Trotz der Geschichten über die noble Herkunft von Kastraten, waren es doch meist Familien mit niederem sozialen Status, aus denen sich Kastraten rekrutierten, und der Verdacht der Geschäftemacherei liegt hier sehr nahe. Die angehenden Stars (ein weit verbreiteter Irrglaube) hatten sich ferner vor oder nach ihrer Operation einem musikalischen Eignungstest vor einem Gremium auf Konservatoriumsebene zu unterziehen. Der Ausgang der Prüfung entschied im wesentlichen über den weiteren Verlauf der musikalischen Ausbildung. Die Unterbringung erfolgte nach wie vor in Internaten, wo die angehende musikalische Elite einen größeren Komfort genoß als andere Studenten. Das und die Tatsache ihres andersartigen Aussehens hatte zur Folge, daß Kastraten oftmals einem sehr großen Psychoterror von seiten ihrer Kommilitonen ausgesetzt waren, und es geschah nicht selten, daß sie der Obhut der Konservatorien zu entkommen suchten.

Wenn seine Stimme zu Erwartungen Anlaß gab, debütierte der junge Sänger noch vor seinem zwanzigsten Lebensjahr an einem Opernhaus. Gefiel die Stimme und zeigte der Kastrat ein gewisses schauspielerisches Talent, so war seine weitere Laufbahn als Star gesichert, vorausgesetzt, er war nicht zu einfältig oder zu fettleibig, was bei Kastraten nicht selten vorkam. Für den Fall, daß die Schauspielerei ihm nicht zusagen sollte, gab es immer noch genug Möglichkeiten für eine Beschäftigung als Kirchensänger. Und selbst wenn er keinen Weltruf erlangte, so hatte er doch ausreichend Gelegenheit, andere Länder zu bereisen, dort aufzutreten und Opernliebhabern einen Eindruck von seiner Gesangskunst zu vermitteln, um sie zu begeistern oder auch nicht.

Über wohl einen der besten Sängerkastraten, Carlo Broschi alias Farinelli (1705–1782), schrieb der bekannte Gesangspädagoge Giovanni Battista Mancini (1714–1800), ebenfalls Kastrat:

»Seine Stimme wurde als Wunder betrachtet, weil sie so perfekt, so stark, so volltönend und so klangvoll in ihrer Weite, sowohl im höheren als auch im tieferen Register war, daß ihresgleichen in unserer Zeit noch nie gehört wurde. Er war mehr oder weniger ausgestattet mit einem kreativen Genius, welcher ihn mit so neuen und überraschenden Ausschmückungen inspirierte, daß niemand sie nachzuahmen fähig war. Die Kunst des Atemholens und -haltens beherrschte er so leise und leicht, daß es niemand wahrnehmen konnte ... Die Qualitäten, in denen er sich auszeichnete, waren die Geradlinigkeit in seiner Stimme, die Kunst, deren Klang anschwellen zu lassen, das Portamento, die Harmonie ihrer Register, eine überraschende Behändigkeit, ein würdevoller und pathetischer Stil und ein Triller, ebenso bewundernswert wie selten. Es gab keine Sparte in der Kunst, die er nicht zur höchsten Stufe von Perfektion brachte ...«[2]

und der bekannte englische Musikkritiker Dr. Burney schrieb 1722, als Farinelli gerade 17 Jahre alt war:

»Während der Spielzeit einer Oper gab es jeden Abend einen Wettstreit zwischen ihm und einem berühmten Trompeter bei einem Lied, das dieses Instrument begleitete. Dies schien zuerst friedlich und sportlich zu sein, bis die Zuschauer an diesem Wettstreit Interesse fanden und Partei ergriffen. Nachdem sie mehrmals eine Note anschwellen ließen, wobei jeder die Kraft seiner Lungen einsetzte und versuchte, dem anderen in Stärke und Brillanz gleichzukommen, hatten sie gleichzeitig ein Anschwellen und Trillern in Terzen, welches so lange andauerte, daß beide erschöpft schienen, während das Publikum diesem Ereignis begierig entgegensah. Und in der Tat gab der Trompeter völlig erschöpft auf, jedoch in der Annahme, daß sein Gegenspieler genauso erschöpft sei wie er und der Kampf somit unentschieden. Da brach Farinelli mit einem Lächeln auf dem Antlitz, das zeigte, daß er die ganze Zeit mit ihm gespielt hatte, plötzlich im gleichen Atemzug mit neuer Kraft hervor und ließ nicht nur den Klang anschwellen und trällern, sondern sang auch die schnellsten und schwierigsten Unterteilungen und wurde zuletzt nur durch den Beifall des Publikums zum Schweigen gebracht. Ab diesem Zeitpunkt kann die Überlegenheit datiert werden, die er immer über seine Zeitgenossen hatte.«[3]

und 12 Jahre später, 1734:

»Jeder weiß, der ihn gehört oder von ihm gehört hat, was für einen Effekt seine überraschenden Talente auf das Publikum hatte: Es war Ekstase! Verzückung! Verzauberung!

In der berühmten Arie *Son qual Nave*, die von seinem Bruder komponiert wurde, nahm er die erste Note mit solcher Feinheit, ließ sie in winzigsten Intervallen zu solch einem erstaunlichen Volumen anschwellen und danach auf die gleiche Art und Weise abklingen, daß sie ihm ganze fünf Minuten applaudierten. Danach begann er mit einer solch brillanten und schnellen Ausführung, daß es den Violinen jener Tage schwerfiel mitzuhalten. Kurz, er war allen anderen Sängern überlegen so wie das berühmte Pferd Childers allen anderen Rennpferden; aber es war nicht nur in der Geschwindigkeit, er hatte nun alle Vorzüge aller großen Sänger in sich vereinigt. In seiner Stimme die Kraft, die Süße und den Umfang; in seinem Stil die Zartheit, das Wohltuende und Behende. Er besaß Kräfte, wie sie noch nie vorher anzutreffen waren oder seither in irgend jemandem anzutreffen sind, Kräfte, die unwiderstehlich waren und jeden Zuhörer überwältigten: den Gelehrten und den Unwissenden, den Freund und den Feind.«[4]

Auch wenn Kastraten von ihrer äußeren Erscheinung her eher ungewöhnlich waren (es wird von nahezu zwei Meter großen Männern berichtet mit schmalen Schultern, breiten Hüften, vereinzelt mit Ansätzen zu Busenbildung), so kann man doch davon ausgehen, daß sie ein relativ »normales Leben« führten. Weder ihre Lebenserwartung noch die Dauer ihrer Sängerkarriere war durch die Kastration eingeschränkt. Auch ihre sexuellen Bedürfnisse können weder als eingeschränkt noch als übermäßig angesehen werden. Die Geschichten über amouröse Affären mit ihren wohlgeborenen weiblichen Fans gehören wohl eher der Legende an und unterscheiden sich im übrigen sicherlich nicht von dem, was über Stars anderer Jahrhunderte in Umlauf gebracht wurde. Dennoch dürfte die sexuelle Zweideutigkeit ihrer Ausstrahlung die ausschweifende Phantasie des Publikums noch gesteigert haben, und oft waren es die Kastraten selbst, die, sich ihrer Wirkung bewußt, ihrem Image zusätzliche Würze gaben.

So schrieb beispielsweise Casanova folgende Notiz über eine Begebenheit während eines Café-Besuches:

»Ein Abbé mit einem attraktiven Gesicht trat ein. Der Erscheinung seiner Hüften nach hielt ich ihn für ein Mädchen in Verkleidung und sagte dies Abbé Gama, aber der erzählte mir, daß es Beppino della Mamana, ein berühmter Kastrat, sei. Der Abbé bat ihn zu uns und sagte ihm lachend, daß ich ihn für ein Mädchen gehalten hatte. Die unverschämte Kreatur, mich fixierend, sagte, daß er mir, wenn ich wollte, beweisen könne, ob ich recht habe oder nicht.«[5]

Offensichtlich war Casanova sehr beeindruckt von diesen femininen Männern. Schrieb er doch während seines Rom-Besuches 1762:

»Wir gingen ins Aliberti Theater, wo der Kastrat, welcher die Rolle der Primadonna innehatte, die ganze Stadt anlockte. Er war der gefällige Liebling, der *Mignon* des Kardinals Borghese und dinierte jeden Abend tête-à tête mit Seiner Eminenz.

In einem gut gemachten Korsett, hatte er die Hüfte einer Nymphe und am erstaunlichsten waren seine Brüste, die auf keine Weise denen einer Frau, sowohl in Form als auch in Schönheit, nachstanden; und vor allem dadurch hatte das Monster verheerende Wirkungen. Obwohl man die negative Natur dieses Unglücklichen kannte, ließ die Neugier einen auf seine Brust blicken, und ein unbeschreiblicher Charme wirkte auf einen, so daß man, eh man sich versah, wahnsinnig verliebt war. Man müßte so kalt und erdgebunden sein wie ein Deutscher, um dieser Versuchung zu widerstehen oder sie nicht zu fühlen. Wenn er während des Ritornellos einer Arie, die er singen sollte, auf der Bühne umherging, war sein Schritt majestätisch und lüstern zugleich; und wenn er die Logen mit seinem Blick beehrte, brachte das zarte und bescheidene Rollen seiner schwarzen Augen die Herzen in Verzückung. Es war offensichtlich, daß er hoffte, die Liebe jener zu inspirieren, die ihn als Mann liebten und wahrscheinlich nicht seine Rolle als Frau.«[6]

Das Verschwinden der Kastraten von der musikalischen Szene begann gegen Ende des 18. Jahrhunderts. Komponisten wie Rossini, Donizetti oder Bellini schrieben verstärkt für die Belcanto-Stimme, und auch in der Oper entsprach die Dramaturgie der Opera buffa, in der Kastraten immer weniger Verwendung fanden, mehr dem allgemeinen Volksgeschmack. Ein weiterer, sicherlich nicht zu unterschätzender Aspekt lag in der Entwicklung und sehr schnellen Verbreitung des romantischen deutschen Liedes. Da hier, anders als in der Oper, nicht mehr die sexuelle Prägung der Stimme ausschlaggebend war, konnte das Lied gleichermaßen von einem Mann oder einer Frau gesungen werden. »Somit folgt der öffentlich kastrierten Kreatur ein komplexes menschliches Subjekt, dessen imaginäre Kastration im Begriff ist, sich zu verinnerlichen« (Roland Barthes). Verständlicherweise sollte es noch mehr als einhundert Jahre dauern, bis die Kastraten endgültig verschwunden waren.

Stimmbildung gestern, heute und morgen

Obwohl man hinsichtlich der Singstile allgemein gern ein italienisches, ein französisches und ein deutsches Klangideal unterscheidet, sollten wir uns doch vor Augen halten, daß im italienischen Gesangsideal der Ursprung der sich erst im 19. Jahrhundert entwickelnden französischen und deutschen Gesangsstile zu suchen ist. Noch im 16. Jahrhundert nahmen die Italiener das Privileg für sich in Anspruch, als »Sänger« bezeichnet zu werden, während man jene nördlich der Alpen »Schreier« nannte. Nicht umsonst waren viele der im deutschsprachigen Raum tätigen Gesangslehrer italienischer Abstammung oder in der italienischen Tradition ausgebildet.

Zwischen dem 16. und 18. Jahrhundert finden wir weitgehend übereinstimmende Gesangsanleitungen italienischer, französischer und deutscher Herkunft. Erst im 19. Jahrhundert sollten eigenständige Entwicklungen auf französischem und deutschem Boden dazu führen, den veränderten musikalischen Situationen zu entsprechen.

Die stimmlich-musikalischen Anforderungen, besonders in der sich im 17. Jahrhundert entwickelnden Oper, machten es erforderlich, daß die Sänger eine stimmliche Ausbildung absolvierten. Bereits aus dem frühen 16. Jahrhundert sind uns Anleitungen zur Stimmbildung überliefert. So schrieb Blasius Rossetti 1529:

> »Es versteht sich von selbst, daß, wenn man mit dem Singen überhaupt den Anfang macht, man nicht mit übermäßigem Atem und allzu hoch hervorbricht, sondern mit leiser und gelinder Tongebung die Noten singt. Denn sonst verletzt man die Stimmwerkzeuge und hemmt die Luftröhre (in ihren Funktionen). Deshalb halte man sich – und dies gilt auch sonst als tugendhaft – an den Mittelweg, d. h.

man beginne nicht allzu tief, noch allzu hoch.

Denn das Schreien in hohen Tönen beschädigt die Kehle und die Stimme und verletzt das Gehör. Wenn man nämlich etwas leise zu singen anfängt, so erwärmt sich nach und nach die Kehle, die Stimmwerkzeuge beleben sich, und die Stimme, verschiedentlich durchgearbeitet, gelangt zu einem gleichmäßigen und vollendeten Tone.«[7]

Diese Formulierungen enthalten für damalige Zeit nichts Neues. Obwohl für unsere Betrachtungen relevant und durchaus anwendbar auf den sich entwickelnden Operngesang, gelten seine Anweisungen in erster Linie für das Singen von Chorälen und stehen somit in einer Tradition, die sich gegenüber dem klanglichen Ideal des Mittelalters klar abgrenzen mußte. Im Jahre 1562, exakt in dem Jahr, in dem zum ersten Mal ein Kastratensänger in der päpstlichen Kapelle in Rom Erwähnung fand, führte der Arzt Giovanni Camillo Maffei den Begriff des *falsetto* als Bezeichnung für den ausschließlichen Gebrauch der *voce di testa* (Kopfstimme) ein. Da sich für das Singen der hohen Parts sehr schnell eine eigene Sängerkategorie namens »Der kastrierte Mann« herausgebildet hatte, konnte man zu Beginn des 17. Jahrhunderts ein neues männliches Klangideal formulieren: Das Singen in der *voce finta* (Fistelstimme) wurde von nun an für Männer abgelehnt, und die Auffassung des Sängers und Komponisten Giulio Caccini (1550–1618) von der *voce piena e naturale* (reine und natürliche Stimme) sollte sich auch bei anderen Komponisten durchsetzen.

So ging man in der stimmlichen Ausbildung zunächst von der Mittellage aus und suchte, nachdem die Vokalisenstimme von Fehlern hinsichtlich der Offenheit und Intonation befreit war, den Stimmambitus nach und nach auszuweiten. Die leichte, beweglich gehaltene Stimme entsprach dem Ideal des 17. Jahrhunderts und galt bei einem guten Lagenausgleich als Voraussetzung für gesteigerte Expressivität, Virtuosität war sehr wohl eine technische Notwendigkeit, sollte allerdings niemals im Vordergrund stehen und somit Selbstzweck werden. Diese von Caccini aufgestellten Prinzipien (er war im musikalischen Geist des 16. Jahrhunderts zum Sänger ausgebildet worden) fanden auch in den Reformbestrebungen des Sängerkastraten Pier Francesco Tosi[8] (1654–1732) in der ersten Hälfte des 18. Jahrhunderts ihren Niederschlag. Auch hier galt der reine, helle Klang als stimmliches Ideal und nasales oder kehliges Singen als Fehler. Auch hinsichtlich der Virtuosität übernahm Tosi die Prinzipien Caccinis und setzte sich somit klar von dem aufs höchste gesteigerten Manierismus des

Kastratenkultes, besonders von den berühmten Bologneser Gesangsschulen des Francesco Antonio Pistocchi und seines Schülers Antonio Bernacchi (beides Kastraten) ab. So forderte Tosi beispielsweise, ein größeres Augenmerk auf die den Worten innewohnende Kraft zu legen, wodurch der Sänger in der Lage sei, das »Herz des Zuhörers« zu rühren. Darüber hinaus sollte in sehr hohen Lagen besonders sanft gesungen werden, und das »Kreischen« sei auf jeden Fall zu vermeiden.

Caccinis Prinzipien fanden auch in Deutschland ihren Widerhall, so daß Michael Praetorius bereits 1619 in seinem *Syntagma musicum*[9] schreiben konnte, daß der Sänger

> »erstlich eine schöne liebliche zittern- und bebende Stimme... habe: Zum Anderen / einen stetten langen Athem / ohn viel respiriren, halten können: Zum dritten auch eine Stimm als Cantum, Altum oder Tenor etc. erwehlen / welche er mit vollem und hellem laut / ohne Falsetten / (das ist halbe und erzwungene Stimme) halten könne.«[10]

Ebenso erwähnte Christoph Bernhard, Schüler von Heinrich Schütz, hinsichtlich der sängerischen Unarten 1657:

> »In Summa, ein Sänger soll nicht durch die Naasen singen. Er soll nich Stammeln, sonst ist er unverständlich. Er soll nicht mit der Zung anstoßen oder lispeln, sonst versteht man ihn kaum halb. Er soll auch die Zähne nicht zusamm schließen, noch den Mund zu weit aufthun, noch die Zung über die Lefzen herausstrecken, noch die Lippen aufwerfen, noch den Mund krümmen, noch die Wangen und Nasen verstellen wie die Meerkatzen, noch die Augenbraunen zusammen schrumpfen, noch die Stirn runtzeln, noch den Kopf oder die Augen darinnen herumdrehen, noch mit denselben blinzen, noch mit den Lefzen zittern etc.«[11]

Dies läßt deutlich werden, daß die von Caccini im frühen 17. Jahrhundert formulierten Prinzipien nachhaltigen Einfluß auf das musikalische Europa des 17. und 18. Jahrhunderts hatten.

Ferner erkannte man offensichtlich einen direkten Zusammenhang zwischen stimmlicher Leistungsfähigkeit und körperlicher Disposition. So erwähnte einer der berühmtesten Gesangslehrer des 18. Jahrhunderts, Giovanni Battista Mancini, daß die Beseitigung der Fehlerquellen beim Singen zu einer freien Tonentfaltung führen sollte und daß ferner ein kehliges Singen durch Lockerung der Halsmuskulatur zu verbessern sei. Die entspannte Disponiertheit des Sängers führe zu einer subjektiven Weitung, wodurch sich größere Resonanzmöglichkeiten ergäben. Das war eine wesentliche Forderung für das Singen in großen Räumen. Ebenso ermögliche, so Mancini, die Lockerheit des Halses den gewünschten hellen Stimmklang. Die Prinzipien Mancinis (er war bis zu seinem Tode Gesangsprofessor am kaiserlichen Hofe in Wien) prägten im wesentlichen das italienische Gesangsideal und fanden auch in den im 19. Jahrhundert formulierten *Belcanto-Stil* Eingang.

Von nun an galt eine lockere körperliche Disposition als eine der wesentlichen Voraussetzungen für die Entwicklungsmöglichkeiten des Sängers. Die Weitung des Brustresonanzraumes und die dadurch ermöglichte »Brustkraft« bedurfte einer jahrelangen Entwicklung und sollte auf keinen Fall forciert werden. Das überlieferte Prinzip der Vokalisenübungen blieb weiterhin erhalten. Beim Atemholen war darauf zu achten, daß es leicht und ohne große Mühe geschehe und daß nicht um zuviel Atem gerungen wurde. Bei der »Registerverschmelzung«, einem weiteren wesentlichen Prinzip in der Stimmbildung, sollte das Brustregister nicht bis zu seiner oberen Grenze hinaufgezogen werden. Vielmehr sollte bereits vorher auf eine leichtere, eher den Kopf als Resonanzraum ansprechende Stimme umgeschaltet werden, um übermäßiges Forcieren zu vermeiden. Bei einer gelungenen Registerverschmelzung würden die beiden Bereiche nicht mehr als getrennt gehört.

Diese Formulierungen decken sich im wesentlichen mit den Prinzipien des Belcanto-Ideales, schließen sie doch den später eingeführten Gegensatz von dramatischen und lyrischen Stimmtypen ein. Dr. P. Mario Marafioti, der sich eingehend mit der Stimme Carusos beschäftigt hat, geht sogar soweit, die verschiedenen Stimmregister als eigentlich nicht vorhanden zu bezeichnen.[12] Denn durch die leichte Stimmführung – und hierin liegt wohl ein wesentlicher Schlüssel zum Verständnis des Belcanto-Ideales – könnten die entsprechenden körperlichen Resonanzräume von selbst angesprochen werden. Diese klangliche Vorstellung entsprach wohl auch den Forderungen der italienischen Opernkomponisten in der ersten Hälfte des 19. Jahrhunderts. Schrieben doch Komponisten wie Rossini, Donizetti oder Bellini ihre Rollen für den *tenore di grazia,* also die leichte, graziöse Tenorstimme.

Zwar forderten Komponisten wie Verdi, Puccini oder Mascagni gegen Ende des 19. Jahrhunderts ein modifiziertes Stimmideal im Sinne einer größeren dramatischen Ausdruckskraft, jedoch können wir davon ausgehen, daß die wesentlichen Veränderungen der Gesangstechnik im 19. Jahrhundert von Frankreich, namentlich von dem Pariser Tenor Gilbert Duprez sowie von dem Gesangspädagogen Manuel Garcia ausgingen und später von den deutschen Sängern übernommen wurden.

Duprez festigte seinen Ruhm nicht zuletzt durch eine von ihm gefundene Möglichkeit, durch Tiefstellen des Kehlkopfes sehr hohe Töne mit einer voluminösen, wenn auch verdunkelten Stimme zu singen. Das Hochziehen des Brustregisters gelang ihm bis hinauf zum hohen C, gegebenenfalls Cis. Seine gedeckte Tongebung *(voix sombrée)* ermöglichte ihm eine Verdunkelung des Stimmklanges und erweckte den Anschein einer gesteigerten dramatischen Ausdruckskraft. Zeugnisse, wie beispielsweise vom Impressario Gino Monaldi, besagen:

> »Duprez wurde durch reine Willenskraft und Zielstrebigkeit einer der besten Tenöre in der Welt. In seinem Fall war die Natur nicht verschwenderisch gewesen, da seine Stimme sowohl schwach als auch dumpf war. Dennoch schaffte er es mittels harter unnachgiebiger Arbeit, sie außergewöhnlich robust zu machen. Nachdem Rossini Duprez in ›Wilhelm Tell‹ gehört hatte, gratulierte er ihm mit Tränen in den Augen. ... Ich weine, weil jene, die ›Wilhelm Tell‹ heute Abend von Duprez gesungen hörten, es nicht werden genießen können, wenn andere Tenöre ihn singen; aber unglücklicherweise kann Duprez nicht lange bleiben.«[13]

Auch der gefeierte russische Gesangspädagoge Panofka erklärte:

> »Duprez sang ... mit einer Ausdauer und Energie, wert, für einen besseren Zweck eingesetzt zu werden; und wer kann leugnen, daß später die meisten Tenöre sich die Aufgabe stellten, nichts anderes zu suchen, als die brutale Kraft des hohen C? ... Wer kann leugnen, daß solche Tenöre mit ihren Stimmen in einen sportlichen Wettstreit treten mußten, einen Kampf, aus dem die Stimme als Zweitbeste hervorkam. Wer kann leugnen, daß die Soprane, um mit den *tenori di forza* mithalten zu können, gezwungen waren, ihre Stimmen über das Normale hinaus anzustrengen?«[14]

Mit Duprez war der Bruch mit der alten italienischen Tradition vollzogen worden. Manuel Garcia, einer der berühmtesten Gesangspädagogen des 19. Jahrhunderts, knüpfte in seinen Formulierungen an die Methode Duprez' an. Er versuchte, im Sinne der von den Opernkomponisten gewünschten gesteigerten dramatischen Ausdruckskraft, seine Prinzipien auf der Basis neuester stimmphysiologischer Erkenntnisse zu formulieren. Garcias Stellung ist nicht unumstritten. Während manche davon ausgehen, er sei maßgeblich an der Weiterentwicklung des italienischen Belcanto-Ideales mit entsprechender Vorbereitung für den sogenannten deutschen Stimmklang beteiligt gewesen (Garcia hatte sich, nicht zuletzt durch seine enge persönliche Freundschaft mit Johannes Brahms, sehr für die Verbreitung des romantischen, deutschen Liedes eingesetzt), behaupten andere, Garcia habe mit seinem Laryngoskop große Verwirrung gestiftet und letztlich nichts als Spekulation und Chaos hinterlassen.

Wie auch immer, Duprez' Vorgaben und Garcias Formulierungen sollten ihren festen Platz im gesangsästhetischen Verständnis des gesamten 19. Jahrhunderts haben und waren schließlich ausschlaggebend für die Prägung des »Deutschen Singstiles«. Besonders die späteren Opern Richard Wagners verlangten von den Sängern ein enormes stimmliches Vermögen, und es ist anzunehmen, daß junge Sänger, in der Hoffnung auf schnellen Ruhm, davon abgingen, sich für die Ausbildung ihrer stimmlichen Kapazitäten eine jahrelange Entwicklungszeit zuzubilligen und sich vielmehr durch diesen »Kunstgriff« (forciertes Singen bei tiefgestelltem Kehlkopf à la Duprez) die Möglichkeit zu einer weiteren Entwicklung ihrer stimmlichen Kapazitäten versperrten.

Luciano Pavarotti erwähnte einmal in einem Interview, daß, wenn er um sich blicke, er eigentlich mit Bedauern feststelle, daß momentan nichts an guten Sängern oder Sängerinnen nachkomme. Junge Musiker würden sich viel zu früh in große Partien hineindrängen lassen, deren stimmlichen Anforderungen sie noch nicht gewachsen wären, und dadurch sei der weiteren, kontinuierlichen Entwicklung ihrer Stimme nicht genug Raum gegeben.

Wenn die Situation sich in der Tat so darstellt, wie Pavarotti sie beschreibt, müssen wir uns fragen, warum das so ist. Schauen wir uns die heutige Ausbildungssituation an Musikhochschulen oder Konservatorien an, so finden wir, daß bereits hier die Entwicklungsmöglichkeiten der künftigen Sänger und Sängerinnen enorm eingeschränkt werden. Stimmbildung wird immer gemäß dem Zeitgeist und den damit verbundenen sanglich-musikalischen Geschmackskriterien betrieben. Das Bemühen, Stimme zu dem werden zu lassen, was man heute eben gern hört, läßt eine Integration von Persönlichkeit und Stimme völlig außer acht.

Ich habe während meiner Ausbildungszeit die stimmliche Entwicklung von Studenten mitverfolgen können und mußte feststellen, daß ihre Stimmen nach Jahren des Studiums viel von dem verloren hatten, was ich anfangs, als ich sie zum ersten Mal hörte, so schätzte. Hatten mir beispielsweise natürliches Timbre, Beweglichkeit der Stimme und leichte Stimmführung gefallen, hatte mich ferner das Durchscheinen der verschiedenen »Sängerpersönlichkeiten« berührt, so konnte ich später die Folgen einer zeitgeistgemäßen Stimmbildung vernehmen. Sicherlich hatten sich die Stimmen entwickelt. Verfügten sie doch über ein größeres Volumen und ein höheres Niveau an technischen Fertigkeiten. Jedoch war nichts mehr zu hören von eigenständiger Persönlichkeit. Das natürliche Timbre war dem Versuch gewichen, einem artifiziellen Ideal zu entsprechen, und oftmals waren die Stimmen weniger leicht und beweglich, dafür aber betont dramatischer. Letzteres ist sicherlich ein Resultat des Festhaltens an den sogenannten Stimmfächern, die meiner Meinung nach das gesamte sängerische Potential auf eine sehr schmale Schiene reduzierten. Die Tatsache, daß jeder Mensch die gesamte Palette der stimmlichen Möglichkeiten in sich trägt, wird sowohl von Institutionen als auch von den meisten »freien Stimmbildern« völlig ignoriert. Statt dessen wird vorwiegend an der Systematisierbarkeit und damit Eingrenzung der Stimmen festgehalten.

Natürlich bedarf es zur Entwicklung des gesamten Stimmpotentials eines Menschen wesentlich mehr Zeit, als für eine Entwicklung innerhalb gesetzter Grenzen. Und hier kommen wir zu einem weiteren Aspekt, der für die Entwicklung der Stimme von wesentlicher Bedeutung ist: *Zeit – Geduld – liebevolle Hingabe.*

Ich habe Musiker aus anderen Kulturkreisen sagen hören, daß sie, obwohl sie sich jetzt schon so viele Jahre dem intensiven Studium ihres Instrumentes oder ihrer Stimme widmen, dennoch bekennen müßten, eigentlich erst am Anfang zu stehen. Dies gibt uns einen Eindruck von der Ausrichtung so manchen wirklich großartigen Musikers. Ich glaube jedoch, daß unsere mitteleuropäische Musikkultur (wollen wir es einmal so eingrenzen) von einer derartigen Ausrichtung sehr weit entfernt ist. Der Lebensrhythmus unserer Zeit, das hektische Treiben, spiegelt sich in allen

Bereichen, auch in der Kultur. Alles soll schnell entwickelt, vermarktet und dann wieder verworfen werden. Das gilt natürlich auch für die Stimmbildung. Die Stimmen müssen rasch entwickelt werden, um für eine Karriere bereitzustehen, da man sonst sehr schnell zu alt ist. Hier liegt ein weiterer grundlegender Irrtum. Eine Stimme kann niemals zu alt für etwas sein! Solange die stimmliche Entwicklung mit der persönlichen Entwicklung einhergeht, kann eine Stimme wachsen, sich entfalten oder reifen, aber niemals zu alt sein. Das nämlich würde bedeuten, daß man für das Leben zu alt ist.

Was also in Wirklichkeit mit diesen »zu alten Stimmen« passierte, ist, daß sie verbraucht wurden und damit ihre natürliche Funktions- und Entwicklungsfähigkeit verloren haben. Solche verbrauchten Stimmen sind einerseits das Opfer unseres heutigen Musikbusineß, das auf junges, frisches »Sängermaterial« wartet wie der Fuchs auf die Gans, und andererseits das Opfer einer Lebenseinstellung, die für Erfolg, Karriere und Geld letztlich einen sehr hohen Preis zahlt, da der jeweilige status quo mit seinen daraus resultierenden natürlichen Grenzen ignoriert werden muß. Bei der Aufgabe, ein Bewußtsein für die bestehenden Verhältnisse zu schaffen, haben die musikalischen Ausbildungsinstitutionen versagt. Stimmbildung ist allgemein eine separierte, das heißt von der Entwicklung sämtlicher Aspekte im Menschen getrennte Angelegenheit geworden.

Placido Domingo entgegnete einem Interviewer auf die Frage nach der Art und Weise seines Übens, daß er selbst eigentlich ziemlich faul sei. Er achte darauf, entspannt und bei guter Kondition zu sein, und habe sich angewöhnt, Partien abzulehnen, für die er stimmlich noch nicht reif sei. Können Sie sich vorstellen, daß man an Hochschulen und Konservatorien die Studenten dazu anhält, faul zu sein oder es sich gut gehen zu lassen? Die alten Italiener hatten bereits formuliert, daß die Entwicklung der Stimme auf keinen Fall forciert werden dürfe, sondern daß sie vielmehr das Ergebnis eines jahrelangen Prozesses sei. Was haben sie also gemacht, wenn sie nicht gerade übten?

Es stehen uns heute Möglichkeiten zur Verfügung, Stimmbildung als ein ganzheitliches System zu betrachten und zu praktizieren. Dies setzt allerdings voraus, daß wir stimmliche Prozesse nicht länger als getrennt ansehen von körperlichen, geistigen, emotionalen und seelischen Prozessen. Auch wenn man heute, nicht zuletzt aufgrund des starken Esoteriktrends der letzten Jahre, mehr an eine Beziehung all dieser Ebenen zueinander glaubt, hat dies keinen Einfluß auf die gegenwärtige Stimmbildungssituation. Es bleibt eine Ausnahme, daß eine Gesangsprofessorin ihre Studenten wieder nach Hause schickt, wenn sie den Unterricht in der Feldenkrais-Methode verabsäumt haben; und es bleibt eine Ausnahme, daß ein Stimmbildner dadurch Verwirrung stiftet, daß er seine Schüler Menschentrauben formen läßt, um zu zeigen, daß die Schüler so besser, das heißt freier und natürlicher singen können. Sicher gibt es noch andere Beispiele.

Die heutige Stimmbildungssituation ist geprägt von der Suche nach neuen Möglichkeiten. Es geht dabei um die Integration von Persönlichkeit (per sonare = das, was durchklingt) und Stimme. Daß dabei vielfach über den Körper angesetzt wird, ist deshalb kein Zufall, weil die natürliche und gesunde Funktionsweise des Körpers in dem Maße eingeschränkt wurde, in dem Sozialisation und Zivilisation vorangeschritten sind. Nichtsdestoweniger ist das natürliche und gesunde Funktionieren des Körpers die erste grundlegende Voraussetzung für ein gesundes Funktionieren der Stimme. Daß dabei ferner auch geistige, emotionale und seelische Faktoren eine Rolle spielen, liegt auf der Hand. Daher sollte künftig an jede Stimmbildungsmethode die Forderung gestellt werden, ein gesundmachendes System zu sein – gesundmachend in körperlicher, geistiger, emotionaler und seelischer Hinsicht.

Im Laufe der letzten Jahre ist immer deutlicher geworden, daß für den Prozeß der Entfaltung der menschlichen Stimme der sogenannte »Stimmapparat« nicht mehr isoliert gesehen und trainiert werden kann. Es hat sich gezeigt, daß die Methode der »Stütze«, so wie sie zumindest seit den letzten einhundert oder einhundertzwanzig Jahren angewendet wurde, einer gesunden Stimmentwicklung auf die Dauer nicht zuträglich ist. So müssen viele professionelle Sänger und Sängerinnen ihre Karrieren sehr bald beenden, da ihre Stimmen den Anforderungen ihres Berufes auf Dauer nicht gewachsen sind, was zu Stimmproblemen verschiedenster Art führen kann. Viele Profis suchen daher bereits nach Möglichkeiten einer ganzheitlichen Aus- oder Weiterbildung ihrer Stimme.

Die Tendenzen gehen also eindeutig in Richtung ganzheitliche Entfaltung der verschiedenen Aspekte des Menschen und der daraus notwendigerweise resultierenden Entwicklung der Stimme. Ein ganzheitliches Stimmbildungssystem umfaßt die Arbeit an sämtlichen Aspekten der menschlichen Natur: den körperlichen, den geistigen, den emotionalen und den seelischen! Und es ist nicht übertrieben zu behaupten, daß die

Entwicklung beziehungsweise Entfaltung der Stimme quasi ein Neben-produkt der Entwicklung des ganzen Menschen darstellt. Dies sollte aller-dings nicht mißverstanden werden. Die Entwicklung des Menschen an sich und die Entwicklung seiner Stimme gehen Hand in Hand, wirken zusam-men. So beeinflußt eine Entwicklung der verschiedenen Stimmqualitäten die verschiedenen Aspekte der menschlichen Natur und umgekehrt: Die Entfaltung der verschiedenen Aspekte der menschlichen Natur beeinflußt ihrerseits die Entwicklung der verschiedenen Qualitäten der Stimme. Das eine läßt sich nicht vom anderen trennen.

Die Stimmbildungssysteme der Zukunft werden die Verbindung auf-nehmen müssen. Der Mensch strebt immer mehr nach ganzheitlicher Ent-faltung seiner Natur; und die menschliche Stimme ist der Anzeiger für das Maß dieser Entfaltung.

In diesem Buch stelle ich die Grundzüge für einen ganzheitlichen Ar-beitsplan vor: einen Arbeitsplan, der die verschiedenen Aspekte der menschlichen Natur und ihre Bedeutung für die Stimmbildung berück-sichtigt.

Warum Entspannung?

Das Prinzip der Entspannung, der Pause, ist ein wesentlicher Faktor für ein erfolgreiches Eintauchen in das hier vorgestellte System der ganzheitlichen Stimmbildung. Versteht man normalerweise unter Stimmbildung das Trai-ning von verschiedensten Stimmfertigkeiten, so ist hier das Ausruhen, das Nicht-Tun ein ganz entscheidender Ausgangspunkt für das Gelingen. Warum?

Die Menschen der heutigen Zeit sind in der Regel von einem ziemlich hektischen Lebensrhythmus geprägt. Ihre Tage sind angefüllt mit allerlei Erledigungen, und Arbeit wird mit der Vorstellung von permanenter Lei-stungserbringung verbunden. Es ist diese Form der »Hyperaktivität«, die dem Menschen den unmittelbaren Bezug zu sich selbst nimmt. Und weil er von sich selbst getrennt ist, sozusagen von der eigenen Quelle abgeschnit-ten, vergißt der Mensch im Laufe der Zeit, was eigentlich gut für ihn ist. Pause kann beispielsweise Schlaf bedeuten, und Schlaf ist notwendig, da-mit wir uns für neue wachbewußte Aktivitätsphasen regenerieren können. Schlaf und Wachbewußtsein werden jedoch in den seltensten Fällen mit-einander in Verbindung gebracht. Schlaf ist die Verweigerung von Aktivität, von Arbeit. Der moderne Mensch aber ist ein *workaholic*, denn Leistung (meßbar im Einkommen) und Identität gehen Hand in Hand. Vielleicht liegt hier die Ursache dafür, daß das Leben im allgemeinen eine eher unkreative Angelegenheit geworden ist. Kreativität braucht Ruhe, Pause, Schlaf. Die dafür aufgewendete Zeit aber wird als finanzielle Einbuße gemessen und ist daher nicht akzeptabel, weil nicht existent.

Nun hat man allerdings herausgefunden, daß Kreativität und Imaginationsfähigkeit wesentliche Faktoren für Erfolg darstellen. Erfolgreiche Menschen, in welchen Berufssparten auch immer, unterscheiden sich durch ihren Ideenreichtum und durch ihre Fähigkeit, die Zukunft in das Jetzt zu projizieren, von weniger erfolgreichen. Weil dies als Tatsache allgemein anerkannt ist, sind Begriffe wie Kreativität, Flexibilität und Zukunftsorientiertheit (Imaginationsfähigkeit) als Schlagworte von Politik und Wirtschaft aufgegriffen worden. Da die Bedingungen für eben diese Eigenschaften jedoch in der Pause, im Ausruhen und in der Entspannung liegen und diese Prinzipien gesellschaftlich nicht akzeptabel sind, nicht existent sein dürfen, sind Begriffe wie Kreativität, Flexibilität und Imaginationsfähigkeit in einem leistungsorientierten System so etwas wie Plagiate. Welcher Politiker, Industrielle oder Geschäftsmann würde denn zugeben können, daß er während der Arbeitszeit eigentlich gern schläft oder sich entspannt, um auf diese Art nach neuen Wegen für das Unternehmen zu suchen? Entspannung ist das »geächtete Prinzip« unserer Zeit, übervolle Terminkalender gelten als chic.

Vor einigen Jahren traf ich eine ältere Frau, die von sich behauptete, die faulste Person der Welt zu sein. Diese Dame hatte jedoch eine Einsicht in die Zusammenhänge des Lebens, wie man sie sonst kaum findet. Das Eingeständnis der eigenen Faulheit läuft bei den meisten Menschen parallel mit schlechtem Gewissen, resultierend aus dem Gefühl nichts zu leisten. Gerade dieses Nicht-Leisten ist jedoch gewissermaßen die Eintrittskarte in den Bereich der Kreativität, der Imagination, des Wissens. So ist es beispielsweise möglich, in den Phasen zwischen Wachzustand und Schlaf spontan Lösungsmöglichkeiten für anstehende Probleme zu finden. Viele Künstler arbeiten mit diesem Bewußtseinsstadium, von dem Yogis behaupten, es enthalte ein unerschöpfliches Reservoir an Möglichkeiten für einen kreativen Lebensausdruck. Entspannung ermöglicht den Zugang zur Spiritualität des Körpers (ich werde diesen Begriff an anderer Stelle näher erläutern), zu dem Vorrat an Wissen, der als unser genetisches Erbe sozusagen seit Anbeginn der Schöpfung in unserem Körper liegt.

Was hat das nun alles mit Singen zu tun? Wie können sich Pause, Entspannung und Nicht-Tun positiv auf den Prozeß der Stimmbildung auswirken? Entspannung versetzt den Körper gewissermaßen in seinen »Urzustand« zurück, bestätigt das menschliche Sein als »Urzelle« für menschliches Werden. Und nur aus diesem Urzustand heraus kann alles Werdende (und somit auch die Stimme) auf natürliche und gesunde Weise entfaltet werden. Das Eintauchen in das dem Urzustand entsprechende körperliche Wissen ermöglicht das Erkennen (im Sinne einer körperlichen Erfahrbarkeit) eines geeigneten Weges für die stimmliche Entfaltung. Der Weg der stimmlichen Entfaltung ist nämlich in der Regel nicht gradlinig, und deshalb ist auch der Mensch hinsichtlich der Verfügbarkeit seiner Stimme und der Sicherheit in der Stimmführung den Schwankungen des täglichen Lebens ausgesetzt. Was gestern noch leicht von der Hand ging (aus der Kehle kam), muß heute nicht notwendigerweise genauso selbstverständlich sein. Das hat jedoch zur Folge, daß man immer wieder dafür sorgen muß, daß die Art, mit der Stimme den täglichen »Anfang« zu machen, sich also »einzusingen«, in gesunder Weise vor sich gehen kann. Denn nur so kann sichergestellt werden, daß auch ein langfristiger Prozeß der Stimmbildung keinerlei Schäden am »Stimmapparat« (darunter verstehe ich den ganzen Menschen) verursachen kann, und daß auch inmitten des alltäglichen »Auf und Ab« eine »relative Sicherheit« hinsichtlich einer Konstanten in der Stimme erreicht wird. Daß diese Konstante in der Stimme natürlich auf die Konstante des menschlichen Lebens einwirkt und zu einer Art fixem Bezugspunkt werden kann, leuchtet sicherlich ein, denn die Arbeit an der Stimme ist Arbeit an der Stimmung des Menschen.

Der Mensch, der zu seinem Urzustand zurückfindet, erkennt genau, was er braucht, was für ihn wichtig ist auf dem täglichen Weg der persönlichen und stimmlichen Entfaltung. Über die Entspannung öffnet der Körper die Tür zu dem in ihm verborgenen Wissen und liefert ein sehr klares Bild davon, was auf dem Weg des Einsingens beachtenswert ist. Dieses Bild (Spiegelbild) kann sich auf ganz verschiedene Arten ausdrücken, und ich möchte davon absehen, hier konkrete Anhaltspunkte zu geben. Was immer der Körper anbietet, hat seine Berechtigung darin, daß es dem Menschen weiterhilft.

Körperpanzerungen und daraus resultierende Beeinträchtigung der Resonanzräume

Bei der Erläuterung der italienischen Gesangsprinzipien und des daraus resultierenden Belcanto-Ideals hatte ich bereits erwähnt, daß körperliche Entspanntheit als eine Art Grundvoraussetzung für die sukzessive Entwicklung der Stimmkapazität angesehen wurde. Die Entfaltung von Sonorität und Volumen bedurfte eines jahrelangen Prozesses und sollte auf keinen Fall forciert werden. Die Italiener setzten das Funktionieren des Körpers als Instrument gewissermaßen voraus. Es ist uns nicht überliefert, ob sie außer den Übungen mit Vokalisen und Koloraturen auch andere, mehr körperbezogene Übungen beispielsweise zur Entwicklung der Resonanzfähigkeit des Körpers nutzten. Jedoch ist allgemein bekannt, daß die Menschen im mediterranen Raum eine sehr viel ursprünglichere Beziehung zum Singen haben als beispielsweise die Bewohner nördlicher Breiten. Während es in Italien oder Spanien durchaus üblich ist, daß einem singende Menschen auf der Straße begegnen, so finden wir in nördlicheren Gegenden eher jene, die Selbstgespräche führen. Es gibt also grundsätzliche Unterschiede in der Einstellung zum Singen als unmittelbaren Ausdruck des Menschen und seiner Gefühle. Vielleicht liegt darin einer der Gründe, warum die Italiener in ihren Formulierungen über die Kunst des Gesanges davon ausgingen, daß das Instrument Körper beim Singen grundsätzlich funktioniert. Sie hatten eben eine prinzipiell andere Einstellung dem Singen gegenüber. Denn wenn das Singen als Selbstausdruck eine gewisse Selbstverständlichkeit hat und vielleicht sogar von Kindheit an gefördert wurde, so schafft dies sicherlich eine andere Grundvoraussetzung für die Stimmbildung, als wenn grundsätzlich Skrupel hinsichtlich der Qualität der Singstimme erst einmal aus dem Weg geräumt werden müssen.

Als ich die Grundschule besuchte, gehörte es zum Musikunterricht, daß die Schüler und Schülerinnen einmal im Halbjahr vor versammelter Klasse vorsingen mußten. Man kann sich ausmalen, welche Dramen sich besonders für jene abgespielt haben müssen, deren musikalisches Talent vom Elternhaus nicht gefördert wurde. Nicht selten berichten Teilnehmer in meinen Seminaren, daß sie während ihrer frühen Schulzeit als sogenannte Brummer aussortiert und dadurch dem allgemeinen Gespött preisgegeben wurden. Manchen wurde das Singen von den Eltern auch schlicht verboten mit der Behauptung, sie könnten es ja ohnehin nicht.

Daß derartige Erfahrungen oftmals lebenslange Spuren hinterlassen, liegt auf der Hand. Der Stimmbildner muß sich hier mit einer Situation auseinandersetzen, die zunächst scheinbar gar nichts mit dem Singen an sich zu tun hat, den Betroffenen jedoch in hohem Maße von der Möglichkeit des Singens als Selbstausdruck trennt. Darüber hinaus liegen hier oftmals die Wurzeln für sogenannte Stimmfehler verschiedenster Art. Gesellschaftliche sowie persönliche Konditionierungen tragen einen ebenfalls nicht unwesentlichen Anteil zur Einschränkung der Stimme bei.

Ich hatte lange Zeit mit der Suche nach einer Systematisierbarkeit derartiger Phänomene zugebracht, bis ich eines Tages mehr oder weniger zufällig auf das System der Körperpanzerungen von Wilhelm Reich stieß. In seinem Buch *Charakteranalyse*[15] erläutert er Situation und Wirkungsweise von Blockaden (Panzerungen) sowohl in physiologischer als auch in psychologischer Hinsicht. Obwohl er einen völlig anderen Ausgangspunkt hatte und gewissermaßen vom kranken Individuum ausging, fand ich doch eine Möglichkeit, dieses System anzuwenden, wenn es darum ging, schwierigen Momenten und Prozessen, wie sie in der Stimmbildung auftreten können, zu begegnen. Reich beschreibt die ringförmige (segmentäre) Anordnung von Körperpanzerungen, welche kontrahierend wirken, den Körper also gewissermaßen einschnüren und den Menschen in seinen körperlichen sowie emotionalen Ausdrucksmöglichkeiten einschränken. Hierin liegt ein Schlüssel zu verschiedensten Formen der Hemmungen (Panzerungen) des einzelnen, sowie seiner gestörten biodynamischen und stimmlichen Disposition.

Betrachten wir den Körper als das Instrument zum Singen, so leuchtet uns die Notwendigkeit ein, dieses Instrument in optimaler Weise schwingen zu lassen. Die Kunst ein Instrument zu bauen besteht unter anderem darin, daß sämtliche, an der Ton- und Klangentwicklung beteiligten Faktoren (Decke, Boden, Stimmstock etc.) ihre optimale Resonanzfähigkeit erhalten. So trägt beispielsweise das Verschieben des Stimmstockes im Innern einer Geige zu einer unter Umständen extremen Qualitätsverschlechterung ihres Klanges bei. Auf das Singen angewendet bedeutet dies, daß, wenn der Körper aufgrund unterschiedlichster Gegebenheiten Panzerungen aufbaut, energetische Durchlässigkeit und akustische Schwingungsfähigkeit abnehmen und in der Folge sich die stimmlichen Kapazitäten reduzieren. Da sich die Panzerringe in verschiedenen (insgesamt sieben) Regionen um den Körper legen, finden wir, je nach dem Grad der Abpanzerung, klar unterschiedene Ausdruckshemmungen sowohl im psychisch-emotionalen Bereich als auch in der stimmlich-körperlichen Funktions- und Resonanzfähigkeit.

Ich möchte nun im einzelnen auf die speziellen Wirkungsweisen der Panzergürtel eingehen.

Panzerungen des okkularen Segments (Stirn, Augen, Jochbein)

Diese Region umfaßt Stirn, Augen und Jochbeingegend. Wir finden hier eine mehr oder weniger große Unbeweglichkeit der Stirn, vielfach einen leeren, starren Blick oder hochgezogene Augenbrauen. Manchmal ebenso kleine, zusammengekniffene Augen oder hervortretende Augäpfel. Im großen und ganzen eine Unbeweglichkeit der Augenpartien beziehungsweise einen maskenhaften Ausdruck. Je nach Grad der Abpanzerung finden wir Kurzsichtigkeit oder Astigmatismus. Ein weiterer wesentlicher Punkt ist das Problem des Tränenflusses. Da die betroffenen Personen oftmals Schwierigkeiten haben zu weinen, liegt in diesem Faktum eine weitere Möglichkeit der Schädigung für den Körper insgesamt. Untersuchungen haben ergeben, daß die Zusammensetzung der Tränenflüssigkeit beim Weinen aus emotionalen Gründen eine andere ist als die Konsistenz jener Tränen, die beispielsweise beim Zwiebelschneiden fließen können. Der Körper befreit sich beim sogenannten herzhaften Weinen von sehr vielen Giften, die durch eventuell vorangegangene Streßsituationen produziert und angesammelt wurden. Wenn jetzt der Tränenfluß gehemmt oder gar völlig blockiert ist, bleiben die Toxine im biochemischen System und stellen fortan eine Belastung für den Betreffenden dar. Manchmal gelingt es dem Körper, die Gifte durch die Nase auszustoßen, und wir kennen das Phänomen des »Weinens durch die Nase«. Hierbei können die Augen völlig unbeteiligt und entsprechend kalt und ausdruckslos sein. Eine weitere Ausdruckserscheinung der okkularen Abpanzerung ist eine Unbeweglichkeit der Muskeln links und rechts der Nase sowie geweitete Nasenflügel, ebenso teilweise hochgezogene, grimassenartige Wangenpartien.

Die Konsequenzen derartiger Abpanzerungen äußern sich in mangelhafter Brillanz (Obertonarmut) der Stimme, ferner im Fehlen von stimmlicher Leichtigkeit, besonders bei hohen Tönen. Die Fähigkeit zu leisem Singen (p oder pp) in hohen Lagen steht in direktem Zusammenhang mit der Lockerheit und der daraus resultierenden Resonanzfähigkeit dieser Kopfbereiche (Kopfregister). Will man beispielsweise nasales Singen abstellen, so achte man darauf, daß die Nasenpartien, ein Teil des okkularen Segmentes, locker sind.

Die erforderlichen Übungen zur Auflösungsarbeit am okkularen Panzersegment werden im Praxisteil ab Seite 109 erläutert.

Panzerungen des oralen Segments (Mund, Kiefer)

Dazu gehören die Kinnpartie und der Unterkiefer, ferner die Muskulatur des Mundringes und der Lippen sowie die Muskulatur der oberen Nackenpartien. Menschen mit oralen Panzerungen sind kaum oder nur sehr schwer in der Lage, den Mund zu öffnen. Das »Zähnezusammenbeißen« fällt genau in diesen Bereich, und wir kennen es als eine spezifische psychologische Einstellung, Streßsituationen durchzustehen. Der Wille zum Überleben macht sich bereits beim Neugeborenen als Saugreflex bemerkbar und mündet später in den persönlichen Willen des Erwachsenen. Nicht umsonst gilt das sogenannte Zähnezusammenbeißen als Symbol für Charakterstärke, Durchsetzungsvermögen und Männlichkeit. Das Loslassen in diesem Bereich, wir werden es ebenso später üben, gestaltet sich als äußerst schwierig, da es eben diese Qualitäten wie Stärke, Durchsetzungsvermögen und Charakterfestigkeit, in Frage stellt. Die Lockerheit des Kiefers und eine damit verbundene Öffnung des Mundes ist aber eine der Voraussetzungen für eine gute Artikulationsfähigkeit. Sämtliche auf körperlicher Ebene vorgenommenen Mobilisationen können nur unter der Voraussetzung hörbar gemacht werden, daß der Mund gut geöffnet ist. Dazu gehört ebenso, daß sich die Lippen während der Artikulation nicht in einem Zustand der Überaktivität (Lippenspannung) befinden, wodurch sich eine Beeinträchtigung der Resonanzfähigkeit im Bereich der oberen Zahnreihe ergeben würde.

Panzerungen des Halssegments (Hals, Zunge)

Ich erinnere an das bekannte Gefühl, einen »Kloß im Hals« zu haben, und an das oft damit einhergehende Bedürfnis zu weinen oder zu schreien. Eine bedrohliche oder unangenehme Situation wird vom Betroffenen mit einer prompten Reaktion des Zwerchfells (einatmen, damit verbundene Senkung der Zwerckfellkuppen sowie anschließende Zerchfellstarre) quittiert.

Dieser Reiz wird neurophysiologisch übertragen und führt zu einem Anheben des Adamsapfels sowie zu einer Kontraktion der tieferen Halsmuskulatur. Ferner geht damit eine Verhärtung und Senkung des tiefen Zungenmuskels einher, was sich bei geöffnetem Munde an einer weit zurückgezogenen Zunge zeigt. Eine falsche, aber dennoch häufig praktizierte Reaktion auf diesen Zustand besteht im »Hinunterwürgen«, also in einem Nichtzulassen des emotionalen Ausdrucks. Bei der Halsregion handelt es sich um einen äußerst diffizilen Bereich, der für das Singen von mehrfacher Bedeutung ist. Einerseits strebt die »Singenergie« durch den Hals hindurch zum Mund hinaus, um sich hörbar zu machen. Andererseits fungiert der Hals als eine Art Durchlaßventil zum Kopfregister, das der Stimme Brilllanz und Leichtigkeit verleihen kann. Darüber hinaus können wir den Hals als »Tor zur Höhe« betrachten. Schwierigkeiten, die sich beim Ausweiten des Stimmhabitus nach oben ergeben, stehen oftmals in direktem Zusammenhang mit Verspannungen im Bereich von Hals und Nacken. Ich erinnere daran, daß man in der alten italienischen Gesangstradition den »reinen, hellen Klang« suchte, also einen brillanten, obertonreichen Klang, der ganz stark von einer lockeren Halsmuskulatur abhängig ist. Auch galt das sogenannte Knödeln, forcierte Tongebung im Hals, als Stimmfehler und kehliges Singen als unästhetisch. Wenn man erreichen möchte, daß die Singenergie ungehindert nach außen fließen kann und Obertonreichtum, Leichtigkeit in der Höhe und ein möglichst großer Stimmumfang sich entwickeln können, ist es unumgänglich, daß man sich mit der Auflösung der Panzerungen in diesem Bereich beschäftigt.

Auch eine gewisse Flexibilität der Zunge gehört dazu. Erst indem man die Zunge entspannt, wird sie beweglich und positionierbar und ermöglicht so eine klarere und natürlichere Artikulation.

Um Panzerungen in diesem Segment aufzulösen, sind Massagen der Hals-Nacken-Muskulatur und des tiefen Zungenmuskels hilfreich, ferner separierte Zungenübungen (siehe Praxisteil ab Seite 112) und darüber hinaus – vielleicht am wichtigsten – eine völlig veränderte Einstellung des Sängers oder der Sängerin zum Singen überhaupt.

Brust- und Rückenpanzerungen

Brust und Rücken sind die Bereiche, in denen sich emotionale Panzerungen am deutlichsten zum Ausdruck bringen. Da Einatmen und Anhalten des Atems das zweifellos wichtigste Mittel zur Unterdrückung von Emotionen jeder Art ist, zeigt sich ein chronischer Zustand der Panzerung in einer Unbeweglichkeit des Brustkorbes, hochgezogenen Schultern (mit entsprechend kurzem Hals) und einer flachen Atmung. Dies ist der gepanzerte Ausdruck der »Selbstbeherrschung«, des »An-sich-Haltens«. Eine sehr starke Panzerung der Kopf-, Hals- und Brustsegmente kann zu einer äußeren Erscheinung führen, die steife Vornehmheit ausstrahlt. Die entsprechenden Charakterideale sind Festigkeit, Unberührbarkeit, Distanziertheit, Erhabenheit und Beherrschtheit. Eines solchen Körperausdrucks bedient sich vor allem das Militär mit zusätzlicher Betonung auf »unnahbarer Würde«. In der »Vorsicht!«- oder »Achtung!«-Position wird die Hals-Nacken-Muskulatur kontrahiert, der Hintern zusammengekniffen, der Bauch eingezogen und die Brust herausgestreckt.

Bei Frauen äußern sich Panzerungen dieses Segmentes eher in vorgezogenen Schultern und in einem entsprechenden Zurücknehmen der Brust, beziehungsweise ihrer selbst. Demzufolge treten die Panzerungen bei Frauen oft in Form von Verhärtung der Rückenmuskeln, besonders zwischen den Schulterblättern, auf. Da Arme und Hände quasi die Fortsetzung des Brust-Rücken-Segmentes sind, findet man oft auch fest an den Körper gepreßte Oberarme, die die körperliche Unbeweglichkeit noch steigern.

Auf die Dauer können sich aus dieser Panzerung Dispositionen zu Pneumonie, Tuberkulose, Lungenemphysem, Herzfehler, Herzerweiterung, hohem Blutdruck, Angstzuständen und so weiter ergeben, Krankheiten also, die natürlich auch sehr vom jeweiligen Grad der Panzerung und vom allgemeinen Gesundheitszustand eines Menschen abhängig sind.

Brustkorb und Rücken stellen gewissermaßen den Hauptresonanzraum des Körpers dar. Die stimmliche Entwicklung im Sinne einer Entfaltung des Stimmvolumens und der Trag- und Schwingungsfähigkeit der Stimme sowie der Expressivität steht also in direktem Zusammenhang mit der biologisch-energetischen Durchlässigkeit des Brust- und Rückenraumes.

Es wird einleuchten, daß die Arbeit in diesem Bereich (siehe Praxisteil ab Seite 96) an den emotionalen Strukturen rüttelt und zu einer Entwicklung der sogenannten Herzensqualitäten beim Singen beiträgt. Um eine emotional-dramatische Expressivität zu entwickeln, die sozusagen den Funken überspringen läßt, müssen Sänger oder Sängerinnen möglicherweise ihre emotionalen Bezüge zu sich selbst und anderen hinterfragen und gegebenenfalls neu definieren. Dies geschieht jedoch nicht primär auf einer intellektuellen Ebene, sondern ist eine Angelegenheit des Herzens. Die Auflösung der emotionalen Verknotungen im Brust- und Rückenbereich schafft eine stärkere Präsenz der künstlerischen Persönlichkeit, eine größere Resonanzfähigkeit im weitesten Sinne sowie mehr Volumen und Reichweite in der Stimme.

Panzerung des Zwerchfellsegments

Dieses Segment verläuft vorn über die Magengrube, den unteren Teil des Brustbeins und die untersten Rippen bis nach hinten zu den Ansatzstellen des Zwerchfells, das heißt zum zehnten bis zwölften Brustwirbel, dann über den Solarplexus, die Pankreas, die Leber und die Muskelstränge längs der Wirbelsäule an den untersten Brustwirbeln. Eine Panzerung dieses Segmentes macht eine spontane Zwerchfellpulsation unmöglich.

Wahrscheinlich kennen alle das Gefühl, einen »Knoten im Magen« zu haben. Man empfindet eine Situation als unangenehm und reagiert mit Einatmen (Senkung der Zwerchfellkuppen), anschließendem Atemstau (Zwerchfellstarre) und Hinunterschlucken (siehe auch Seite 40). Die Beeinträchtigung der Zwerchfelltätigkeit hat eine Einschränkung des Atemvolumens zur Folge. Es ist weiterhin möglich einzuatmen, aber das Ausatmen wird erschwert. Eine solche Panzerung äußert sich in Zwerchfellticks bis hin zu verschiedenen Formen nervöser Magenleiden sowie in einer flachen, eingeschränkten Atmung und Zwerchfellhochstand.

Da das Zwerchfell die Atemtätigkeit und den Atemrhythmus regelt – Voraussetzungen für jede lautliche Äußerung –, ist klar, daß es zumindest einigermaßen richtig funktionieren muß. Das Zwerchfell ist der größte Muskel des Körpers, der alles, was beim Sprechen oder Singen an Arbeit anfällt, erledigen muß. Ist seine Funktionsfähigkeit eingeschränkt, kommt es nicht nur zu Phrasierungsschwierigkeiten durch unregelmäßige Atemführung, sondern es besteht auch die Gefahr, daß der Sänger oder die Sängerin die relative Starrheit und Unbeweglichkeit des Zwerchfells durch forciertes Singen ausgleichen muß. Daraus ergibt sich eine stärkere Beanspruchung der Hals- und Kehlkopfpartien und des Stimmapparates an sich. Dieser Bereich jedoch ist nicht gemacht, um die Arbeitsleistung des Zwerchfells zu erbringen. Resultate der Überbeanspruchung sind Heiserkeit und möglicherweise sogar Knötchen auf den Stimmbändern als Folgeerscheinungen chronischer Heiserkeit (Stimmbandschwellung).

Erst nachdem die Panzerungen im Zwerchfellsegment aufgelöst worden sind und der Muskel seine entspannte und flexible Funktionsweise zurückerhalten hat, kann mit einem Zwerchfelltraining (siehe Praxisteil Seite 162) begonnen werden. Die durch die Auflösungsarbeit freigesetzte Energie wird als Körperwärme oder Hitze empfunden und als ein warmes, weiches, sinnliches Gefühl von Ganzheit. Es ist aber auch möglich, daß sie sich in Unwohlsein oder gar Übelkeit äußert, in Zwerchfellticks und starker Zwerchfellpulsation bis hin zu Würgereflexen, verbunden mit dem Gefühl, sich übergeben zu müssen.

Panzerung der Bauchmitte

Hierbei handelt es sich um Verhärtungen des großen Bauchmuskels und der beiden seitlichen Bauchmuskeln, die von den untersten Rippen bis zum oberen Beckenrand verlaufen. Diese Panzerung hat verschiedene Stoffwechselprobleme zur Folge. Entspannung in diesem Bereich äußert sich zum einen in verstärkten Peristaltikgeräuschen, zum anderen in einer weicheren, flexibleren und intensiveren Bauchatmung. Zusätzliche Atemräume können nun viel leichter erschlossen und genutzt werden (Flankenatmung). Dadurch ergibt sich die Möglichkeit, den Körper auch in kurzen Atempausen wieder ausreichend mit Luft zu versorgen.

Beckenpanzerung

Diese Panzerung schließt fast alle Beckenmuskeln ein. Sie äußert sich in einem stark nach hinten gezogenen Becken oder in einem zusammengekniffenen Hintern. Die Beine als Verlängerung des Beckens werden von der Panzerung mitbetroffen, die sich dort in Krämpfen im Bereich der Waden und Oberschenkel äußert. Da in der Beckenregion Sinnlichkeit, Lustempfinden und Sexualität angesiedelt sind, liegen die Ursachen für die Panzerung häufig in einem blockierten Sexualverhalten.

Auf die Stimme wirkt sich diese Panzerung in fehlender Bodenständigkeit und Tiefe (Profundität) aus. Auch fehlt eine gehörige Portion Sex in der Stimme. Die Auflösungsarbeit (siehe Praxisteil Seite 119) gestaltet sich in diesem Bereich eher schwierig, da es sich hier um einen der »letzten Tabubereiche« handelt. Jedoch ermöglicht erst ein energetisch freies Bekken im Zusammenspiel mit allen anderen Bereichen Freiheit und Spontaneität im persönlichen wie im stimmlichen Ausdruck.

Gedanken zur Entstehungsgeschichte und Funktion der Panzerung

»Die Bewegungen des Ringelwurmes beruhen auf Erregungswellen, die vom Schwanzende längs der Körperachse nach vorn zum »Kopf« ablaufen. Die Erregungswellen pflanzen sich kontinuierlich von Segment zu Segment fort, bis sie das Vorderende erreicht haben. Am Hinterende entsteht bei der Fortbewegung eine Wellenbewegung nach der anderen. Die Segmente pendeln beim Wurm rhythmisch und regelmäßig hintereinander zwischen Kontraktion und Expansion. Die Funktion der Fortbewegung ist beim Wurm und bei den Schmetterlingsraupen untrennbar mit dieser plasmatischen Wellenbewegung verknüpft.«[16]

Dieses Beispiel macht deutlich, daß die Panzerung eine notwendige biologische Funktion haben kann. Dem Wurm dient sie zur Fortbewegung. Das Beispiel zeigt auch, daß die Panzerungen entstanden sein müssen, lange bevor die Spezies Mensch existierte. Auch beim Menschen haben die Panzerungen durchaus noch einen anderen Aspekt, den ich als »biologische Schutzfunktion« bezeichnen möchte.

Beim Menschen sehe ich die Entwicklung der Panzerungen parallel zur Entwicklung der Waffen. Und die Entwicklung der Waffen hat sich nachweislich mit der Entwicklung des Patriarchates vollzogen, denn die Geschichte des Mannes ist die Geschichte einer nahezu kontinuierlichen Folge von Kriegen. Als die Krieger das Schutzschild erfanden, entwickelten sie gleichzeitig die passende psychische Einstellung (Panzerung), durch deren »Anwendung« es erst möglich wurde, das Schild auch zu gebrauchen. Panzerungen funktionieren somit immer auf zwei Ebenen gleichzeitig. Auf einer äußeren, indem sie die Krieger vor Angreifern (Feindbildern) schützt, und auf einer inneren, indem sie die Krieger vor sich selbst (vor ihren Skrupeln zu kämpfen und zu töten) schützen. Denn Waffensysteme können noch so gut sein, Skrupelhaftigkeit hat ihrem perfekten Funktionieren noch immer geschadet. Daher mußte eine gewisse Skrupellosigkeit von einem guten Krieger gefordert und bei einem weniger guten Krieger gefördert werden. Nicht umsonst geht mit den heutigen Ausbildungen zum Kämpfer auch ein intensives mentales Training einher. Ein Krieger ist immer ein Angreifer; als Verteidiger (um in der heutigen Terminologie zu bleiben) schützt er sich lediglich selbst vor seinen eigenen Skrupeln. Dieses Beispiel macht klar, daß Panzerungen im wesentlichen Selbstschutzfunktion haben. Das Nicht-Preisgeben der Schwäche (Skrupelhaftigkeit) ist gewissermaßen Voraussetzung für den Krieger.

Nun müssen wir davon ausgehen, daß die Wirkung einer Panzerung nachhaltig ist. Da sie nicht einfach angelegt oder abgestreift werden kann wie ein Kettenhemd, kann sie ihr Opfer so vollständig in den Griff bekommen, daß es sowohl körperlich als auch geistig-emotional völlig erstarrt. Beispiele hierfür gibt es mehr als genug. Man braucht sich nur umzuschauen.

In unserer Zivilisation gehören Panzerungen zum Menschen wie die Butter zum Brot. Panzerungen nämlich bedeuten Sicherheit, und Sicherheit ist eines unserer Grundbedürfnisse geworden. Das permanente Streben nach Sicherheit (Versicherung) hat dazu geführt, daß sich die Wartezimmer von Psychologen und Therapeuten in den letzten Jahren mehr und mehr gefüllt haben. Sicherheit ist dem Leben an sich fremd – der Tod ist der beste Beweis dafür –, und das Streben nach Sicherheit ist demnach gewissermaßen als ein Verlangen nach Panzerung anzusehen. Potentielle Schwachstellen im System wollen mit einem Versichertsein kompensiert, sprich, gepanzert werden. Dabei vergessen wir jedoch leicht, daß wir mit der Panzerung einen Bumerang auswerfen, der früher oder später sicher zu uns zurückkommen wird. Die Angst vor der Schwachstelle wirkt nämlich letztlich wie eine Provokation, und in Wirklichkeit ist das Aufgeben dieser »Scheinsicherheiten« notwendig, damit wir dem Leben so begegnen können, wie es selbst ist: *ehrlich – wahrhaftig – wirklich.*

Das gilt auch für die Stimmbildung. Das Bilden einer Stimme bedeutet immer das Wachsenlassen einer Person insgesamt. Und in dem Maße, in dem jemand an seiner stimmlichen Sicherheit, das heißt an seinem Können und an seinen Fertigkeiten festhält, werden ihm diese Tricks über kurz oder lang vom Leben genommen werden.

Die Richtung auf dem Weg der Stimmentfaltung muß also ständig korrigiert werden. Eine Möglichkeit zur Korrektur besteht in der Auflösung der Panzerungen, weil dadurch der Weg zum Leben an sich freigemacht wird. Daß dieser Prozeß nicht immer auf einfache Weise zu bewerkstelligen ist, liegt auf der Hand. Die Auflösung der Panzerungen bringt eine Veränderung des gesamten Menschen mit sich. Damit ist auch das Aufgeben von falschen Wertmaßstäben, emotionalen Verknotungen, eines lang gehüteten Selbstbildes und vieles andere verbunden. Oft mag man das Gefühl haben, es würde einem »der Teppich unter den Füßen weggezogen«. Aber was für eine Raupe das Ende der Welt ist, kennt man als Schmetterling. Nach der Auflösungsarbeit kann eine Neugestaltung beginnen. Der Mensch findet zu seiner wahren Natur und dadurch auch zu seiner wahren Stimme.

Der Geist und seine Konzepte

Jedes musikalische Werk ist in erster Linie das Produkt einer geistigen Arbeit. In den Rang eines Kunstwerkes wird es erst später erhoben, nämlich durch die Gunst der Öffentlichkeit (Publikum, Medien und so weiter). Ein Kunstwerk jedoch, und damit auch den Künstler, umgibt, zumindest seit der Begriff Kunst existiert, eine Aura des Mystischen und Übernatürlichen beziehungsweise Unnatürlichen.

Für einen Interpreten ergibt sich aus dieser Tatsache zunächst einmal die Notwendigkeit, das Kunstwerk von pseudokulturellem Unrat zu befreien. Der Nimbus des Hochwohlgeborenen, Auserlesenen versperrt den unmittelbaren Zugang zum musikalischen Werk. So ergibt sich etwa für die Gestaltung eines Werkes von Johannes Brahms eine ganz andere Grundeinstellung, wenn man sich den eloquent generösen Mann vorstellt, der sich (wenn auch bissig) in den Salons der Aristokratie bewegte, als wenn man sich den Mann vor Augen führt, der sich im Wiener Prater von den Damen eines gewissen Gewerbes sagen ließ: »Geh Schani, spiel was!«

Das Festhalten an einem einzigen, meist glorifizierten Bild, das man beispielsweise von einem Komponisten hat, ist eine geistige Panzerung, die eine Annäherung an sein Werk von verschiedenen Seiten her versperrt. Die geistige Durchdringung eines musikalischen Werkes kann wie die sich daraus ergebende Gestaltung immer nur eine individuelle sein.

Das leblose Werk wird durch den Interpreten zum Leben erweckt, und aufgeschriebene Musik ist letztlich immer tote Materie, unfähig, sich aus sich selbst heraus Leben einzuhauchen.

Die Entfaltung des Herzens

Vor einigen Jahren erlebte ich folgendes: Eine junge Frau kam in den Gesangsunterricht und erzählte, sie habe für dieses Mal eine Arie vorbereitet, die ihr besonders viel bedeute. Sie erwähnte, daß sie, jedesmal wenn sie dieses Lied sänge, von der dem Lied innewohnenden Kraft im Tiefsten ihres Wesens erschüttert würde. Ihr Wunsch war es nun, diese Qualität musikalisch zu vermitteln. Sie sang also – ich glaube, es war eine Arie von Grieg – und gab wie immer ihr Bestes. Als sie geendet hatte und mehr oder weniger fragend in die Runde blickte, mußten alle Anwesenden bekennen, daß sie nicht nur nichts von der vorher erwähnten Kraft gefühlt, sondern sich sogar teilweise sicherlich aufgrund der hohen Erwartungshaltung fast gelangweilt hätten.

Nach diesem Feedback war sie natürlich sofort bereit, das Lied »zurückzuziehen«, schließlich hatte sie vorgesorgt und noch ein zweites Lied vorbereitet. Dies jedoch ließen wir nicht zu, denn es widerspricht unseren Arbeitsprinzipien. Wir überlegten und besprachen eine Weile, was in diesem Falle am besten zu tun sei, denn offensichtlich hatte der »emotionale Zugriff« des Liedes es ihr unmöglich gemacht, irgend etwas zu transferieren. Eine textliche oder musikalische Analyse schien uns hier wenig sinnvoll, ging es doch um die unmittelbare Vermittlung emotionaler Inhalte. Das Lied hatte sie lahmgelegt, soviel war klar. Es hatte sie auf verschiedenen Ebenen »funktionsunfähig« gemacht. Es galt also nun, die Wirkung des Liedes auf sie »lahmzulegen«. Zu diesem Zweck legten wir sie rücklings so auf eine Couch, daß ihr Kopf über das eine Ende hinausragte und somit nach unten hängengelassen werden konnte. Ihre Aufgabe war es nun, das Lied erneut zu singen, ohne dabei den geringsten Versuch zu machen, den Kopf zu heben. Sie erwähnte noch, daß sie sich in dieser Position ziemlich dumm und ausgeliefert vorkäme und die ganze Angelegenheit (Lied) so eine ziemlich banale Sache sei, sang dann aber doch. Dieses Mal bekamen die meisten der anwesenden Zuhörer »Gänsehaut«, und niemand konnte sich dem Zugriff der dem Lied immanenten emotionalen Expressivität sowie der Qualität des Vortrages entziehen.

Dieses Beispiel soll zeigen, daß gerade die Freiheit vom emotionalen Zugriff der Inhalte (Texte) wirkliche emotionale Ausdruckskraft erst möglich werden läßt. Emotion ist eben auch nur ein Konzept. Inhalte wie Trauer, Leid, Glück und so weiter, die in einem musikalischen Kontext noch verstärkt werden, sind und bleiben letztlich immer Relikte der individuellen Geschichte. Will der Sänger oder die Sängerin jetzt also eine spezifische emotionale Qualität für die Interpretation eines Liedes abrufen, wird er oder sie ganz unweigerlich (bewußt oder unbewußt) in seiner/ihrer persönlichen Geschichte graben. Hier jedoch liegt der Fehler.

Da die Erlebenswelten verschiedener Menschen immer verschieden waren, sind und sein werden – das betrifft natürlich auch jene von Sänger oder Sängerin und Publikum –, kann ein Übereinkommen hinsichtlich der emotionalen Qualität niemals erreicht werden, solange das Verständnis davon individuell und konzepthaft bleibt. Die Befreiung der Emotionen von persönlichen Konzepten ist somit eine notwendige Voraussetzung, damit die musikalisch-textliche Emotion durchscheinen und die freie emotionale Expressivität des Musikers zur Geltung kommen kann. Die Befreiung geschieht jedoch nicht auf verbaler Ebene, da über Gefühle aufgrund der unterschiedlichen Ausgangsbedingungen schwerlich diskutiert werden kann. Hat im genannten Beispiel der Ansatz auf körperlicher Ebene zu einer Befreiung vom emotionalen Konzept verholfen, so war es in einem anderen Fall (wo es im Text des Liedes um eine nicht erwiderte Liebe ging) das zehn- bis fünfzehnmalige Absingen dieses Liedes, wodurch eine Anti-Emotion und ein Anti-Konzept geschaffen wurden, die den ursprünglichen emotionalen Zugriff auflösten. In jedem Fall war eine stimmliche Verbesserung und eine Entfaltung des Herzens zu hören.

Die Entfaltung des Herzens kann durch die Arbeit am Körper (Auflösung der Panzerungen am Brust-Rückensegment) vorbereitet werden. Daneben aber bedarf es der Auflösung der emotionalen Konzepte, dadurch der Befreiung vom emotionalen Zugriff des Liedinhaltes und schließlich des Aufarbeitens eines Teiles der persönlichen Geschichte. Hierfür jedoch kann es keine Arbeitsvorgaben geben. Die Übungen müssen quasi erfunden und gemäß der emotionalen Struktur des einzelnen Sängers/der einzelnen Sängerin angewendet werden. Trägt die Übung zur Entfaltung des Herzens bei, so hört man unmittelbar ein breiteres Spektrum an emotionaler Ausdrucksfähigkeit. Das allein ist der Sinn der Übung: *daß ich höre, was ich liebe, und liebe, was ich höre.*

Die Seele und ihr Verlangen nach Ekstase

Wenden wir uns nun zum letzten für die Stimmentfaltung notwendigen Aspekt zu, der Seele. Wenn ich bisher von Konzeptionen und Panzerungen gesprochen habe, so wird dies hier nicht mehr möglich sein. Denn die Seele ist ihrer Natur nach frei. Was jedoch möglich sein wird, ist die Betrachtung eines wesentlichen Grundbedürfnisses der Seele und ihrer Beziehung zur Musik, in der Hauptsache zum Singen. Dieses auf seelischer Ebene manifeste Grundbedürfnis ist das Verlangen nach Ekstase! Die Seele ist ihrer Natur nach Ekstase, und hinsichtlich einer seelischen Expressivität können wir von Ekstase als ihrer Grundemotion sprechen. Die Expression dieser Grundemotion in ihrer musikalischen Relevanz ist gewissermaßen der »Lack auf unserem Instrument«, der, immer zuletzt aufgetragen, das große gehütete Geheimnis eines jeden Instrumentenbauers ist.

Betrachten wir zunächst einmal den Aspekt der menschlichen Natur, in dem sich die erwähnte Grundemotion wohl am deutlichsten widerspiegelt. *Liebe!* Einer der Grundpfeiler menschlichen Strebens nach Erfüllung im Leben ist sicherlich die Sehnsucht, zu lieben und geliebt zu werden. Durch die Liebe wird dem Menschen eine Form der Erkenntnis zuteil, die anders wohl kaum möglich wäre. Sexualität spielt hierbei eine nicht unwesentliche Rolle, stellt sie doch, neben Sinnlichkeit im allgemeinen, einen wichtigen Faktor bei der »Wahl der Mittel« im Verlangen nach persönlicher Ekstase dar. Mit anderen Worten: Das was einen zum anderen Geschlecht hintreibt, ist nicht primär das Bedürfnis nach Sexualität, sondern ein archaischer Ausdruck des Verlangens nach Ekstase. Beziehungen stehen oder fallen mit der Präsenz oder Absenz dieser Qualität. Schlägt Liebe in Haß um, so ist es in erster Linie der Haß gegen sich selbst, resultierend aus dem Fehlen der Ekstase und der Erkenntnis, daß man diese Lücke nicht eigenständig füllen kann.

Um nun eine musikalische Relevanz herzustellen, führe ich für den Sänger/die Sängerin den Begriff *Liebender/Liebende* ein und *Geliebte* für die Zuhörer, das Publikum. Wie bereits erwähnt, ist Ekstase zwischen Liebenden eine Grundbedingung für das Funktionieren ihrer Beziehung. Das Publikum besucht die Konzerte, um von Sängern und Sängerinnen Ekstase zu bekommen, oder, um es präziser auszudrücken, in seiner eigenen Ekstasefähigkeit angeregt zu werden. Glückt dieses Unternehmen, so werden letztlich die Ausgangspositionen vertauscht. Die Zuhörer werden zu *Liebenden* und der Sänger/die Sängerin zum/zur *Geliebten*. Dieses sehr lebendige (live) Geschehen verdeutlicht wohl auch den grundlegenden Unterschied zwischen Konzerten und Konserven, wo wir diese spezielle Form der Energie nicht finden – vielleicht, weil sich Ekstase nicht konservieren läßt.

Aber zurück zum Geschehen. Es wird erkennbar, daß Publikum wie Musiker nach Ekstase, resultierend aus der gegenseitigen Liebe und Wertschätzung, verlangen. Die Publikumsschlangen vor Opernaufführungen oder Rockkonzerten sind dafür ebenso ein Beweis wie die Tatsache, daß es Musiker gibt, die es regelrecht auf die Bühne treibt. Denn hier ist die Plattform für bedingungslose Liebe und Hingabe oder ebensolche Abneigung und Haß, nämlich dann, wenn der Sänger oder die Sängerin nicht liebt.

Hierin liegt wohl die wesentliche Bedeutung der Arbeit Roland Barthes über »die Rauheit der Stimme«.[17] Sein wollüstiges Hören trifft bei Sängern und Sängerinnen eine Unterscheidung zwischen jenen, die lieben und jenen, die nicht lieben. Und selbst durch die Fingerspitzen eines Pianisten transformiert wären diese Qualitäten, falls vorhanden, hörbar. Igor Strawinsky trifft in seiner musikalischen Poetik eine Unterscheidung zwischen Ausführendem und Interpreten. Während ein Ausführender die Übermittlung des Notentextes zu bewerkstelligen in der Lage sei – gern oder ungern –, kennzeichne den Interpreten über diese nackte Vermittlung hinaus eine verliebte Hingabe. Liebe und Ekstasefähigkeit sind also ein entscheidendes Grundprinzip für einen Musiker/Sänger. Wo technische Perfektion ihre Grenzen zu haben scheint, verhilft das Wissen um das Geheimnis der Ekstase der Musik zu einer anderen Dimension. Da aufgeschriebene Musik an sich keine lebendige Materie ist, bedarf es des Interpreten (also des liebenden, sich hingebenden und ekstasefähigen Musikers), um aus dem Notentext ein klingendes und darüber hinaus lebendiges Geschehen werden zu lassen. Im Gegensatz dazu sind Aufführende nicht in der Lage, Noten zum Leben zu erwecken. Als Komponist möchte ich hinzufügen, daß es für jene, die versuchen, das, was sie hören, in eine schriftliche Form zu bringen, eine ungeheure Bereicherung darstellt, mit liebenden Musikern zu arbeiten, da die Musik erst wieder durch den Interpreten vom Zwang der Form befreit werden kann.

Die Spiritualität des Körpers und die Sinnlichkeit des Geistes

Im Laufe meiner Arbeit als Stimmbildner wurde mir immer wieder die Frage gestellt: »Wie sehen Sie den Zusammenhang zwischen Stimme und Spiritualität?« Da ich mich bereits sehr früh mit Theorie und Praxis verschiedener esoterischer Traditionen zu beschäftigen begonnen hatte, wußte ich natürlich um den Zusammenhang zwischen Magie und Klang, kannte die verschiedenen Berichte über »Wunder«, die allein durch die Macht der Stimme hervorgebracht wurden. Tansen, der große indische Sänger, war beispielsweise ein Magier des Gesangs. Man sagt, daß zu seinen Lebzeiten ein kaiserlicher Erlaß erging, der das Singen von Raga Dipak, einer Musik, die die Energie offen brennender Lampen (Dipak) zum Thema hat, verbot, weil Tansen gefährliche Brände auslösen konnte, allein, indem er diesen Raga sang.

Auch heute noch gibt es Beispiele für die magische Wirkung von Stimme und Klang. So kennt man etwa Kraft- oder Heillieder, die ungeordnete oder krankhafte Zustände im Menschen unter Umständen von einem Moment auf den anderen auflösen können. Auch die große Popularität des Obertonsingens rührt sicherlich nicht zuletzt von der Tatsache her, daß es die körperliche und geistige Disposition des Menschen wesentlich verändern kann.

Der bekannte Sufi-Meister Hazrat Inayat Khan schrieb:

> »Sehr wenige in dieser Welt wissen, bis zu welchem Ausmaß Erscheinungen durch die Kraft der Stimme hervorgebracht werden können. Wenn es wirkliche Spuren von Wundern und Erscheinungen gibt, dann liegen sie in der Stimme.«[18]

Da meiner Ansicht nach aber Stimme der direkte Ausdruck des *ganzen* Menschen ist, bin ich etwas vorsichtig, der gängigen Auffassung über Stimme und Spiritualität ganz zuzustimmen. Der Körper, aus dem heraus die Stimme ja schließlich kommt, scheint mir in der Diskussion um Spiritualität meist ein bißchen auf der Strecke zu bleiben.

Ein Begriff wie »Spiritualität« wird von den meisten Menschen eher mit »Geist« verbunden, ein Begriff wie »Sinnlichkeit« eher mit »Körper«. Dieser Zuordnung entspricht ein gewisses Schwarzweiß-Denken, eine Tendenz, zwischen Gut und Böse zu unterscheiden. »Gut« bedeutet normalerweise die Abkehr vom Körperlich-Sinnlichen und Hinwendung zum Spirituell-Geistigen. Solche Wertvorstellungen berücksichtigen jedoch nicht, daß der Körper eine eigene Spiritualität besitzt, daß auch er Träger von Wissen ist.

Die Art, wie sich der Mensch über seinen Körper ausgedrückt hat, hat sich im Laufe seiner Evolution immer wieder verändert. Man kann also davon ausgehen, daß der Körper durch seine Erfahrungen über Hunderttausende von Jahren Wissen angesammelt hat, das ihn dazu brachte, seine Erscheinungsform und seinen persönlichen Ausdruck den jeweils veränderten Situationen anzupassen. So wird aus einem Klumpen Fleisch intelligente Materie, und als Träger des gesamten evolutionären Wissens ist der Körper intelligent und damit auch spirituell. Akzeptieren wir diese Spiritualität des Körpers, sind wir auch in der Lage, unserer Stimme mit ihrem Sitz in unserem Körper Zugang zu ihrer Spiritualität zu verschaffen. Denn Stimme ist Körper, und der Körper ist die Summe des gesamten evolutionären Wissens der Menschheit.

Arnold Keyserling, der bekannte Wiener Religionsphilosoph, sagte einmal in einem Vortrag, man solle kleinen Kindern (Säuglingen) während des Schlafens die Möglichkeit zum Strampeln nicht durch entsprechendes Einpacken im Bett nehmen, da ihr Körper das vorhandene Wissen aus dem Reptilstadium sonst nicht verarbeiten könne. Dies setzt voraus, daß der Körper nach eigenen Ausdrucksmöglichkeiten für das in ihm vorhandene Wissen sucht, und daß man seiner Ausdrucksfähigkeit vertrauen kann. Wer von uns kann jedoch behaupten, daß er seinem Körper vertraut? Leben wir doch alle mehr oder weniger nach der Maxime: »Der Geist ist willig, aber das Fleisch ist schwach.« Das Verständnis von einem »willigen Geist« setzt wissendes Erkennen oder erkanntes Wissen als Handlungsbasis voraus, degradiert den Körper aber gleichzeitig zur »tumben Materie«, die, sollte bei der Umsetzung unserer ethisch-moralischen Grundsätze einmal etwas schiefgehen, als Entschuldigung herhalten muß. Wenn also die dem Körper eigene Ausdruckssprache einmal in eine andere Richtung geht als jene Sprache, die sich der gesprochenen Worte bedient, dann meinen wir, eine Entschuldigung parat haben zu müssen. Wir wollen nicht akzeptieren, daß der Körper sein eigenes Wissen, seine eigene Spiritualität hat, denn das Prinzip der Herrschaft des Körpers über den Geist setzen wir gleich mit Roheit, Unmoral und möglichen Verbrechen.

Dies sind jedoch Attribute, die erstens dem Körper als wissendem, intelligentem und spirituellem Prinzip in keiner Weise angemessen sind und zweitens lediglich aufgrund der Tatsache Gültigkeit haben können, daß die wissende, intelligente und daher spirituelle Ausdruckssprache des Körpers jahrhunderte-, wenn nicht jahrtausendelang unterdrückt worden ist. Der Grad dieser Unterdrückung hat übrigens mit dem Fortschreiten der Zivilisation zugenommen.

Wie kam es zu dieser Unterdrückung der Körpersprache? Warum wurde der Sprache der Worte Priorität gegenüber der des Körpers eingeräumt? Der Körper als Mittel zur Schöpfung, als Hüter und Offenbarer der Geheimnisse des Lebens wurde wohl einzig in den matriarchal strukturierten Kulturen gebührend respektiert. Die Verehrung von Muttergöttinnen stellt das Wissen um die lebengebende Kraft des Körpers (es gibt kein größeres Wunder als die Erneuerung des Körpers durch den Körper) in den Mittelpunkt des gesamten rituellen Geschehens. Es leuchtet ein, daß in dem Augenblick, in dem patriarchale Strukturen die Oberhand gewannen, dem Prinzip Körper (weiblich) weniger Wert zugesprochen wurde. War der Zusammenhang zwischen Sexualität und Vaterschaft lange Zeit hindurch nicht klar und ferner das Prinzip der Erneuerung des Körpers durch den Körper am Mann nicht sichtbar (nicht möglich!), so mußten nach der Übernahme der Macht durch den Mann Körper und körperliches Wissen neu definiert werden. Man erklärte den Körper und das in ihm vorhandene Wissen also kurzerhand als minderwertig und schwach und setzte das Weibliche mit Schwachheit gleich. Entsprechend wurde der Geist, der Wille (der Geist ist willig) als das nunmehr führende, männliche Prinzip angesehen. Damit verlor die Körpersprache als Ausdrucksmittel des körperimmanenten Wissens mehr und mehr an Bedeutung und wurde zugunsten einer Wortsprache, der man sich beliebig bedienen konnte, in den Hintergrund gedrängt.

Nun läßt sich körperliches Wissen, welcher Methoden man sich zu seiner Unterdrückung auch immer bedienen mag, niemals ganz aus dem Körper streichen. Wir können vielmehr davon ausgehen, daß das gesamte evolutionäre Wissen, gleich einem Computerprogramm auf Diskette, im Körper gespeichert ist und somit jederzeit abgerufen und gelebt werden kann. Unser Zugang zur schöpferischen Kraft ist letztlich nichts anderes als unsere Verbindung zur Kraft des Wissens in unserem Körper.

Worin liegen aber nun die Funktion und Aufgabe des Geistes? Vielleicht mag dem Leser die paradoxe Formulierung meiner Kapitelüberschrift den Eindruck vermittelt haben, ich verstünde unter der Sinnlichkeit des Geistes so etwas wie Triebverzicht oder eine Sublimierung der Triebstruktur. Sollte dies der Fall gewesen sein, so hoffe ich, Sie mit den nun folgenden Ausführungen vom Gegenteil überzeugen zu können.

Eines der wesentlichen Merkmale des Geistes kann wohl in seiner Fähigkeit zur Reflexion gesehen werden. Reflexion ist hier wörtlich gemeint. So wie Licht von einem Spiegel zurückgeworfen wird, wird jedes Bild, jede Erfahrung im Spiegel des menschlichen Geistes reflektiert. Im Gegensatz zum natürlichen Spiegel hat der menschliche Geist jedoch die Möglichkeit,

Eindrücke in Erfahrungswerte und somit Wissen umzusetzen, und dieses Wissen wird vom Körper gespeichert. Dies wird besonders klar, wenn wir uns vor Augen halten, daß tiefgreifende persönliche Erfahrungen, wie etwa Schicksalsschläge, die gesamte psycho-physische Struktur eines Menschen verändern können. Nach derartigen Erfahrungen ist der Mensch aufgrund seines vermehrten oder veränderten Wissensstandes nicht mehr derselbe. Wenn dieser Prozeß in die eine Richtung geht, so können wir davon ausgehen, daß es andersherum genauso möglich ist. Das bedeutet, daß im Körper angesiedeltes Wissen durch entsprechende Reize aktiviert und im Geist widergespiegelt (reflektiert) wird. Dieses Vermögen zur Reflexion ist im wesentlichen mit der Fähigkeit zur Erkenntnis gleichzusetzen. Wir wissen, daß im Prinzip des Erkennens entscheidende Möglichkeiten zur Verarbeitung und Aufarbeitung gemachter Lebenserfahrungen liegen. Sich einstellende Reflexion, das heißt das Erkennen oder Wiedererkennen von im Körper angesiedelten Wissen, verläuft unter Einbeziehung sämtlicher im Menschen vorhandener Sinne. So können beispielsweise Erinnerungen an Bilder aus der Kindheit die gesamte Palette der sinnlichen Wahrnehmungsqualitäten wie Sehen, Hören, Riechen, Schmecken, ja sogar Tasten wieder ins Bewußtsein rufen und somit zur Realität werden lassen. Hiermit wird deutlich, daß dem Geist eine wesentliche Rolle bei der Erkenntnis und der daraus resultierenden Umsetzung, also der Realisierung von im Körper angesiedeltem Wissen, zukommt. Menschliche Entwicklung ist also die Entfaltung des permanent vorhandenen körperlichen Wissens, entsprechend umgesetzt durch die reflektierende, erkennende Natur eines sinnlichen und daher lustvollen Geistes – ein Prozeß, bei dem Körper und Geist als sich gegenseitig ergänzende Prinzipien zu verstehen sind.

Der Prozeß der menschlichen Kommunikation über die Stimme bezieht ebenfalls das gesamte im Körper vorhandene Wissen mit ein, das durch den Geist reflektiert zum Ausdruck kommt. Hier müssen wir jedoch unterscheiden zwischen dem körperlichen Wissen und dem reflektierten und somit entfalteten Wissen. Entfaltetes Wissen stellt persönliches und künstlerisches Ausdruckspotential dar. Es ist einsetzbar, abrufbar und wiederholbar, eben weil es zuvor reflektiert wurde. Entfaltetes Wissen ist also etwa die Fähigkeit, Talente umzusetzen, spielerisch und schöpferisch damit umzugehen. Nicht reflektiertes und zur Entfaltung gebrachtes Wissen hingegen sendet gewissermaßen Impulse, die seinem Wunsch, reflektiert, erkannt und letztlich umgesetzt zu werden, Ausdruck verleihen.

Dieser Wunschimpuls, die aktive Energie des Wissens also, äußert sich meist in Form von körperlichen Fehlleistungen. Hier setzt sich körperliches Wissen eigenständig um, ohne vorher vom Geist erkannt worden zu sein. Solche Impulse geben dem Menschen jedoch keine Möglichkeit zu spielerischer Gestaltung oder auch nur zur Wiederholung, da sie unkontrollierbar sind. Dennoch ist eine Fehlleistung eine Art Vorbereitung auf einen »Quantensprung« auf persönlicher Ebene. Wissen treibt nach außen (Trieb), gibt kurz den Blick auf vorhandenes Potential frei und will letztlich reflektiert und erkannt werden, um als entfaltete persönliche oder künstlerische Möglichkeit zur Verfügung zu stehen. Daher ist in einer Fehlleistung ein eigenständiger dynamischer Ausdruck einer sehr tiefen persönlichen Wahrheit zu sehen, und künstlerische Expressivität ist letztlich nichts anders als der kreative Ausdruck dieser Wahrheit, die aus dem körperlichen Wissen kommt.

Stimme ist ein Spiegel des ganzen Menschen. Der Grad der stimmlichen Entwicklung zeigt an, in welchem Maße eine persönliche Entwicklung im Sinne einer Entfaltung des körperimmanenten Wissens stattgefunden hat. Daher ist jeder Schritt auf dem Weg zur stimmlichen Entwicklung gleichbedeutend mit einem Schritt auf dem Weg zur Entfaltung des körperlich-spirituellen Wissens. Die Entfaltung dieses Wissens, individualisiert durch die betreffende Person, spielt eine wesentliche Rolle in der Stimmbildung. Sie ist sozusagen der Schlüssel zur künstlerischen Individualität. Ihre Umsetzung vor einem Gegenüber (Publikum) bezeichne ich daher als »charismatischen Exhibitionismus«. Die Expressivität eines Menschen liegt also im reflektiv-sinnlichen Erkennen des körperlich-spirituellen Wissens und in seiner Umsetzung über die Stimme.

Im Akzeptieren der Prinzipien eines spirituell-wissenden Körpers und eines reflektiv-sinnlichen Geistes sehe ich eine wesentliche Voraussetzung für die Integration von Stimme und Spiritualität, aus der sich wiederum grenzenlose stimmliche Ausdrucksmöglichkeiten ergeben. Dies hat entscheidende Konsequenzen für die Arbeit an der Stimme.

Ein Stimmtraining, das lediglich technische Virtuosität zum Ziel hat, nicht die künstlerische Umsetzung von persönlichem Wissen, kann niemals zu »charismatischem Exhibitionismus« führen. Stimmtechnisches Vermögen ist lediglich ein Mittel zum Zweck. Künstlerische Expressivität liegt im Erkennen des im Menschen vorhandenen Wissens.

Atem und Stimme als Tor für die Wahrheit

Der Atem ist die existenzielle Lebensgrundlage eines jeden Organismus. Jeder Mensch, jedes Tier und jede Zelle atmet, um zu leben; nicht atmen bedeutet Tod. Der Atem ist zudem Träger der Lebensenergie, die im gesamten Kosmos gleichermaßen vorhanden ist. Wir können also davon ausgehen, daß der Rhythmus des Atems den Rhythmus des Kosmos bestimmt und daß jeder einzelne Mensch über seinen Atemrhythmus an den Rhythmus des Universums angeschlossen ist. Beide Rhythmen, der kosmische und der individuelle, beeinflussen sich gegenseitig. Das bedeutet beispielsweise, daß ein Mensch, der in einer sehr hektischen Umgebung lebt, über kurz oder lang die Auswirkungen dieser Hektik in seiner Atemführung und schließlich auf seine Gesundheit spüren wird.

Auf der Grundlage dieses Wissens um den Atem wurden vor mehreren tausend Jahren Atemtechniken entwickelt, die die Gesundheit des Menschen verbessern und ihm bei der Entfaltung seiner Spiritualität behilflich sein können. Mystiker und Yogis gingen davon aus, daß die Meisterschaft des Lebens in einer Meisterschaft des Atems besteht, und die Vielzahl der uns überlieferten Übungen zur Atembeherrschung (Pranayama) gibt Zeugnis von ihrem Wissen um diese Zusammenhänge.

Richtige Atemführung beeinflußt die Gesundheit des Menschen positiv, und umgekehrt kann man feststellen, daß ein kranker Organismus über den Atem nach Hilfe ruft. Körperlich-seelische Störungen im menschlichen Organismus machen sich sofort über Veränderungen der natürlichen Atemfunktion bemerkbar. In der Regel wird der Atem flacher und kürzer, und die Kapazität der Lunge kann nicht mehr voll ausgenutzt werden. Die Lungenkapazität eines Menschen nimmt im Laufe seines Lebens stetig ab. Dieser Verfall läßt sich auf die verschiedenen Auswirkungen von Streß und auf eine ungesunde Lebensweise zurückführen. Einer der wesentlichen Aspekte der heute immer häufiger angewendeten Sauerstofftherapie besteht darin, die Lungenaktivität zu erhöhen und damit die vorhandenen Kapazitäten besser auszunutzen.

Man kann davon ausgehen, daß eine derartige Aktivierung nicht nur die Lungen anregt, sondern auch die Funktion des Zwerchfells, des »Hauptatemmuskels«. Über das Zwerchfell ist der Mensch gewissermaßen mit der Außenwelt verbunden. Sämtliche Einflüsse, die von außen an uns herangetragen werden, registrieren wir mit dem Zwerchfell. Jegliche Emotion, sei sie freud- oder leidvoll, ruft eine Reaktion des Zwerchfells hervor. Eine typische Reaktion auf emotionale Reizung besteht in der Kontraktion (Senkung der Zwerchfellkuppen), die Einatmen und einen eventuellen Atemstau zur Folge hat. Auf diese Weise werden die Emotionen negiert und unterdrückt. Wird diese Reaktionstendenz des Zwerchfells nicht erkannt, kann dieser Zustand chronisch werden und die Atemfunktion in extremer Weise einschränken.

Eine Seminarteilnehmerin berichtete, daß sie seit Jahren nachts unter krampfartigen Erstickungsanfällen litt. Sie wachte jedesmal mit Atemstillstand und der panischen Angst, ersticken zu müssen, auf. Die einzige Möglichkeit, dieser Situation zu begegnen, bestand darin, daß ihr Mann ihr die ständig bereitstehenden Tropfen reichte, die den Krampf auflösten. Als ich sie ein halbes Jahr später wieder traf, berichtete sie, daß sie durch die Entspannungs-, Atem- und Körperübungen nun in der Lage war, ihren Körper und ihre Psyche so zu beruhigen, daß die Anfälle nicht mehr auftraten. Die Verbesserung war dadurch eingetreten, daß sie die Atemprobleme an der Wurzel gepackt hatte, am Zwerchfell nämlich. Andere Teilnehmer, die mit Asthma zu kämpfen hatten, berichteten, daß sie dieses Problem durch eine gesündere Atemführung in den Griff bekommen hatten.

Atemproblemen und damit Problemen der psychischen und physischen Gesundheit begegnet man also am effektivsten durch Muskelentspannung und Muskeltraining direkt am Zwerchfell. Heutzutage ist das Zwerchfell der meisten Menschen in einem mehr oder weniger kontrahierten Zustand. Das bedeutet, daß man sich in einem permanenten Zustand des Einatmens befindet, aus dem heraus das Gefühl resultiert, nicht genügend Atemluft zu haben. Die Folge ist wiederholtes und verstärktes Einatmen, was die Zwerchfellkontraktion jedoch nicht aufzulösen vermag. Die beste Möglichkeit, dieser Situation zu begegnen, besteht im Ausatmen, wodurch das Zwerchfell entspannt wird. Erst wenn das Zwerchfell aus seinem Spannungszustand befreit wird, kann es richtig arbeiten. Das ist vor allem beim Singen wichtig. Als größter Muskel des Körpers kann das Zwerchfell beim Singen eine enorme Arbeitsleitung erbringen. Sämtliche Nuancierungen des stimmlichen Ausdrucks müssen von einer entsprechenden Zwerchfellbewegung getragen sein. Funktioniert das Zwerchfell nicht richtig, so führt das zu einer kompensatorischen Aktivität im Bereich des Halses und Kehlkopfes. Die Stimmbänder werden überanstrengt, was Heiserkeit und eine ganze Reihe schwerwiegender Stimmprobleme zur Folge haben kann. Um also Stimmprobleme erst gar nicht entstehen zu lassen, muß nach Möglichkeiten gesucht werden, das Zwerchfell zu entspannen und somit erst funktionsfähig zu machen. Erst wenn die Voraussetzungen für die stimmliche Arbeitsleistung geschaffen sind, kann man sich der Stimme zuwenden, einer Stimme, die sich auf einem natürlichen, gesunden Atemfluß leicht aufbauen lassen wird.

Stimme ist ihrem Wesen nach Atem, der auf eine höhere und konkretere Ausdrucksebene transformiert wurde. Unsere Stimme ist das Mittel, mit dem wir kommunizieren und interagieren. In manchen Bereichen ist sie sogar das einzige Mittel zur Kommunikation, das uns zur Verfügung steht. So werden beispielsweise Geschäfte oftmals am Telefon entschieden, und die Verhandlungspartner sind einzig auf das stimmliche Bild angewiesen, das ihnen ihr Gegenüber vermittelt. Dieses »Stimmbild« ist allerdings durchaus in der Lage, den ganzen Menschen, seine Stärken und Schwächen, kurz, seine Persönlichkeit deutlich werden zu lassen.

Die Entfaltungsmöglichkeiten eines Individuums hängen eng mit den Gegebenheiten für die Entfaltung seiner Stimme zusammen, und die stimmliche Ausdrucksfähigkeit wirkt zurück auf die persönlichen Entfaltungsmöglichkeiten des einzelnen. Mit anderen Worten: Wenn die Stimme freier fließt und somit die vorhandenen Stimmkapazitäten effektiver genutzt werden können, kann der Mensch seine Persönlichkeit wahrhaftiger und unmittelbarer zum Ausdruck bringen, als wenn er Anstrengungen unternehmen muß, sich Gehör zu verschaffen oder sich durchzusetzen. Diese Anstrengungen, dieser Kampf gegen persönliches stimmliches Unvermögen ist für den Zuhörer immer so etwas wie ein Warnsignal, ein Anzeichen dafür, daß mit dem anderen etwas nicht stimmt, daß etwas nicht fließt. Dieses Warnsignal hat in der Regel Vorsicht auf der anderen Seite zur Folge und trägt damit wesentlich zu Konflikten und Problemen bei – auf persönlicher und geschäftlicher Ebene ebenso wie auf künstlerischer.

Auch wenn die Anforderungen an den Stimmausdruck für die verschiedenen Ebenen unterschiedlich sind, so haben sie prinzipiell doch eines gemeinsam: *Gefragt ist der Mensch an sich!* Diese Forderung nach Unmittelbarkeit in der Umsetzung sowohl persönlich-alltäglicher als auch künstlerischer Inhalte macht es für den einzelnen erforderlich, die Beziehung zu seiner Stimme neu zu formulieren. Stimme ist nun nicht mehr nur das Produkt körperlicher Aktivität, sondern ein Tor für die Wahrheit und zur Wahrheit.

Ein Vortragender, der seine Stimme zum Tor für die Wahrheit werden läßt, erlaubt den Zuhörern, in ihm zu lesen wie in einem offenen Buch. Das ist ein wesentlicher Schritt hin zu jenem bereits erwähnten »charismati-

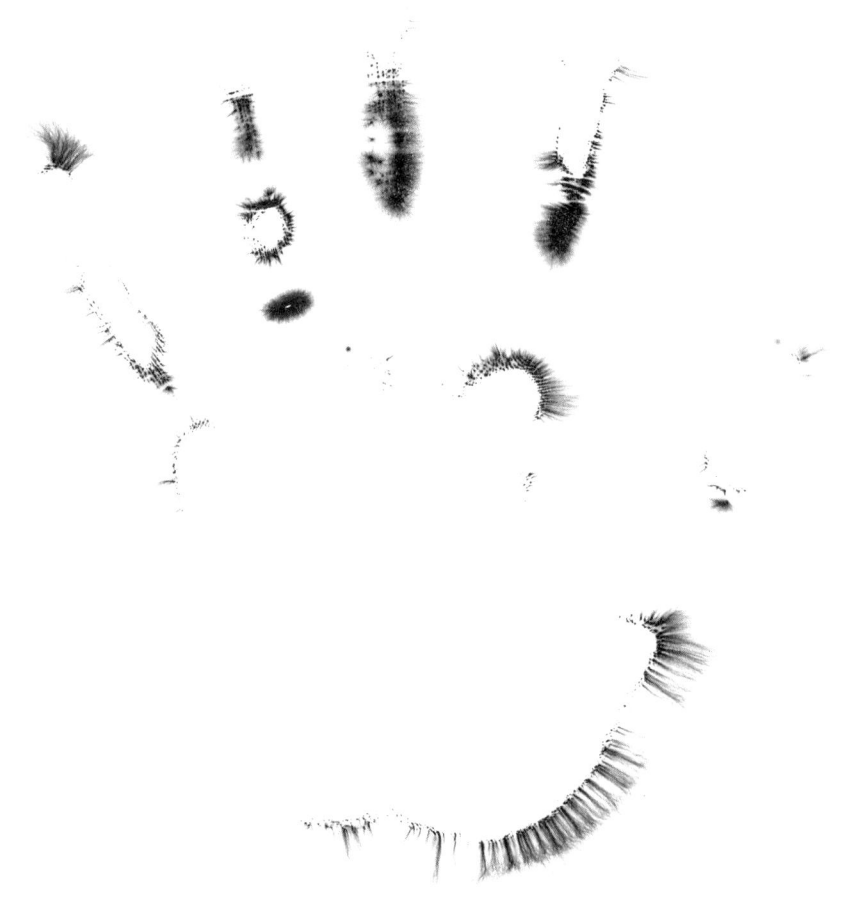

schen Exhibitionismus«, der die Grundlage für eine sehr tiefe Begegnung zwischen zwei Menschen oder zwischen einem Künstler und seinem Publikum ist.

Wenn wir unsere Stimme zum Tor für die Wahrheit werden lassen, haben wir, so meine ich, eine Möglichkeit gefunden, sämtliche in uns vorhandenen, nach außen strebenden Energien zu intensivieren. Warum? In sehr vielen geistigen Traditionen existiert der Begriff »Wahrheit« als etwas, das den Menschen zu sich selbst führt, etwas, das ihn gewissermaßen reinigt, von Täuschungen befreit (ihn also ent-täuscht) und damit den ursprünglichen Fluß seiner Lebensenergie wiederherstellt. Wenn Stimme nun das gleiche zu leisten in der Lage wäre, hätten wir doch eine wunderbare und sehr einfache Möglichkeit, unsere Lebensenergie zu steigern, sie besser im

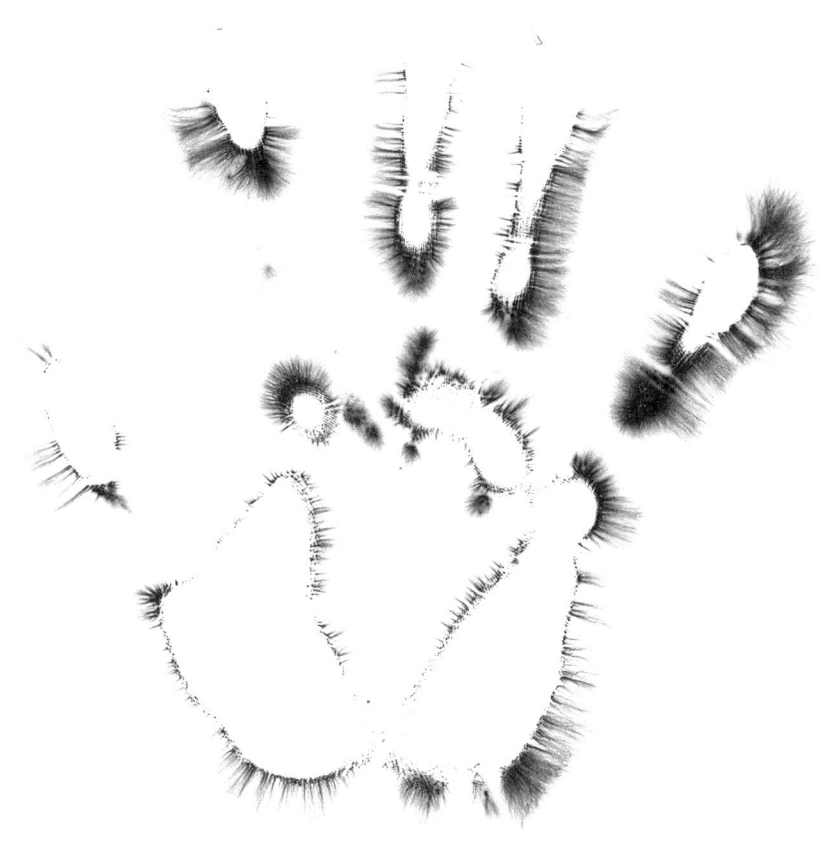

Fluß zu halten und damit unsere allgemeine Lebensqualität zu verbessern.

Während ich meine Überlegungen zu diesem Kapitel anstellte, ergab es sich mehr oder weniger zufällig, daß ich zwei interessante Menschen kennenlernte, die mir Beweismaterial für meine thesenhaften Gedankensprünge lieferten. Dr. Thomas Hansen und seine Frau Herta, Experten auf dem Gebiete der Kirlian-Fotografie, erklärten sich bereit, Aufnahmen von den Händen einer singenden Person zu machen, um so einen wissenschaftlichen Beweis für die universelle Wirkung einer ganzheitlichen Stimmbildungsmethode auf den Menschen anzutreten. Für die Tests stellte sich eine Schülerin von mir zur Verfügung, die sich zu dieser Zeit in einer persönlichen Krise befand. Die Aufnahmen, direkt nach unserer Ankunft beim Ehepaar Hansen gemacht, zeigen, wie sehr die Testperson zu diesem Zeit-

punkt in ihrem freien energetischen Fließen blockiert war. Die Aufnahme der linken Hand (Seite 60) zeigt eine deutliche Einschränkung in der Ausstrahlung der intuitiv-künstlerischen Seite. Die Ausstrahlungslücke am linken Außenrand verweist auf Erinnerungen an Erlebnisse und Begebenheiten aus früher Jugend, die auch für die gegenwärtige Situation von Bedeutung sind. Die rechte Hand (Seite 61), Logik und Tatkraft symbolisierend, hat eine deutlich stärkere Ausstrahlung, was zeigt, daß das Leben weitergeht. Bei beiden Händen fällt auf, daß die Fingerkuppen nicht zu

62

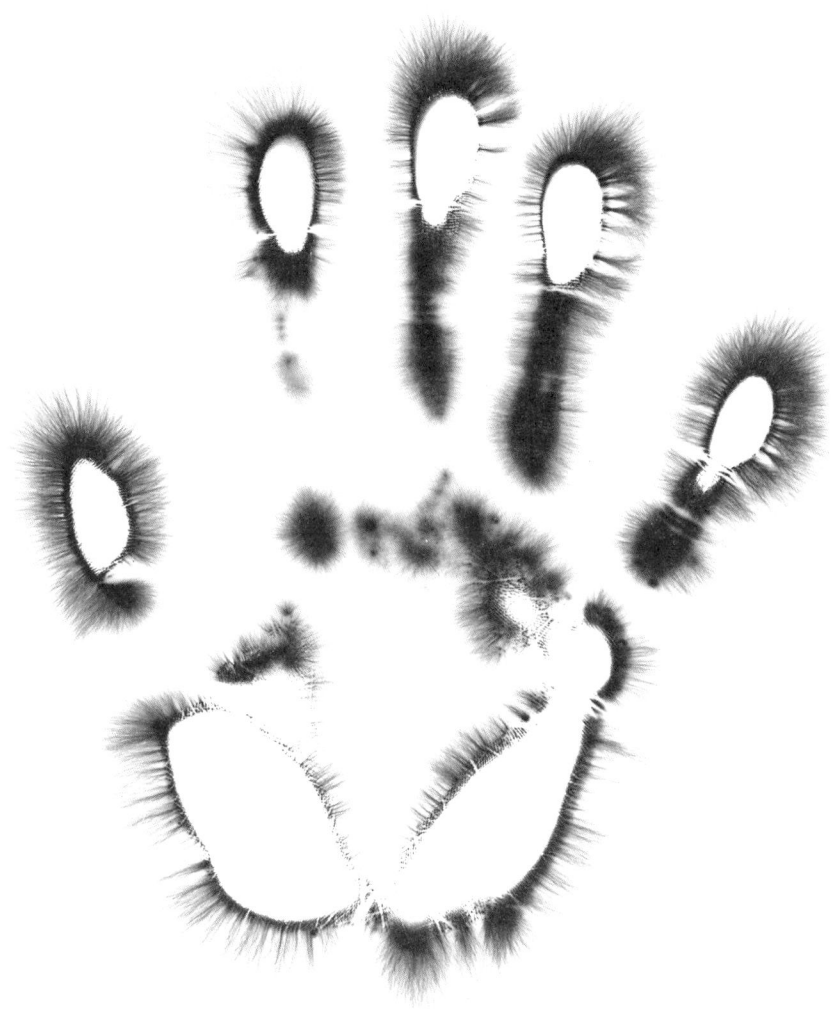

sehen sind, was darauf hinweist, daß die Testperson die Situation noch nicht »anpacken« kann, daß sie ihr noch nicht gewachsen ist.

Das war also die Ausgangssituation. Nachdem verschiedene Experimente mit Atem und Stimme und Imaginationshilfen zunächst keine wesentlichen Veränderungen erbracht hatten, nutzten wir eine etwa halbstündige Pause zum »Einsingen«. Entspannungsübungen, Massage, Atem- und Stimmansatzübungen trugen dazu bei, den blockierten Zustand der jungen Frau allmählich aufzulösen. Die Stimme entwickelte sich auf der Basis einer gesunden Atemführung ganz selbstverständlich und nicht forciert. Nachdem die Stimme gewissermaßen aufgewärmt war und die junge Frau von ihrer energetischen Blockade befreit schien, stand dem »Aussingen« nun nichts mehr im Wege.

Die Aufnahmen während des Aussingens zeigten bereits beide Hände in gleicher Intensität abstrahlend, ohne Strahlungslücken und mit allen Fingerkuppen. Anschließend bat ich die Testperson, sich in einem Konzert und vor einem konkreten Publikum singend vorzustellen. Die Veränderungen, die jetzt zu sehen waren, lagen mehr in der Qualität als in der Intensität. Die Ausstrahlungsstärke war die gleiche, jedoch schlossen sich in diesem Endstadium auch kleinste Lücken, und sehr feine und deutliche Konturen traten hervor (Seiten 62 und 63).

Damit hatten wir den Beweis, daß sich der energetische Zustand eines Menschen in sehr kurzer Zeit grundlegend verändern läßt, wenn man eine Möglichkeit hat, zur Quelle seiner Energie vorzudringen. In der Stimme liegt eine solche Möglichkeit. Der Gebrauch der Stimme als Tor zur Wahrheit ermöglicht den Zugang zur eigenen inneren Quelle. Indem er seine innere Wahrheit erfährt, bekommt der einzelne die Möglichkeit, diese Wahrheit auch nach außen zu transferieren, was in diesem Fall durch die vollständige, intensive und gleichmäßige Abstrahlung beider Hände deutlich sichtbar gemacht wurde.

Der richtige Ton – die doppelte Angst

Eines der wesentlichen Probleme von Sängerinnen und Sängern ist das Treffen des richtigen Tones oder, musikalisch besser ausgedrückt, der richtigen Tonhöhe. Die Angst schlecht zu intonieren hat sicherlich schon so manchen an den Rand der Verzweiflung getrieben. Daher möchte ich sie als eine der Hauptängste von Sängerinnen und Sängern bezeichnen. Selbst Profis kennen das Phänomen, daß ihre Stimme sich nicht mehr so gut führen läßt, wenn sie müde sind, daß die Schärfe des Gehörs nachläßt und die Intonation dadurch »unsauber« wird.

Intonationsprobleme geben in scheinbar objektiver Weise Auskunft über musikalisch-stimmtechnische Unzulänglichkeiten. Ich verwende bewußt den Begriff »scheinbar objektiv«, denn Objektivität in der Beurteilung von richtig oder falsch bezieht sich in der heutigen Musik eindeutig auf die allgemein gebräuchliche »gleichmäßig temperierte Stimmung«.

Daß diese jedoch nicht immer verbindlich gewesen ist, dürfte wohl allgemein bekannt sein.

Betrachten wir jedoch zunächst die Angst, die doppelte Angst, wie ich sie eingangs genannt habe. Angst ist eine psychische Konditioniertheit, eine Panzerung, die sich beim Singen nachteilig auswirken muß.

Franziskus Rohmert (Lichtenberger Institut für funktionale Stimmbildung) informierte mich freundlicherweise darüber, daß die meisten Muskeln im Kehlkopfbereich für das Heben des Kehlkopfes verantwortlich sind. Die Angst vor einer möglicherweise ungenauen Intonation bewirkt beim Sänger eine Kontraktion der Muskulatur ganz allgemein und speziell im Kehlkopfbereich, was zur Folge hat, daß sich der Kehlkopf nach oben bewegt. Dieser Situation wird in der Regel (meist unbewußt) dadurch begegnet, daß man den Kehlkopf wieder hinunterdrückt, denn nach der Fixierung des Kehlkopfes kann mit den Unterschieden des »subglottischen Luftdrucks« sowohl Intonation als auch Lautstärke reguliert werden. So werden etwa durch vermehrten Luftdruck die Stimmlippen noch einmal nachgespannt, woraus eine Erhöhung des Tones resultiert. Ferner wird muskulärer Druck von unten produziert – aus der Bauch-Zwerchfellregion (Stütze) und aus dem Brustkorb, also durch ein Forcieren der »Brustkraft«.

Dieser Kunstgriff – ich erinnere an Duprez – stellt jedoch keine Lösung des Problems dar, denn er schränkt die Möglichkeiten zu einer vollen Entfaltung der Stimmkapazitäten ein und verstärkt darüber hinaus die Panzerung im Bereich der Halsmuskulatur. Wie ich im Kapitel über die Körperpanzerungen bereits ausgeführt habe, wird der Körper durch Blockaden (Panzerungen) in seiner Funktions- und Leistungsfähigkeit erheblich eingeschränkt. Da der Körper diese Gefahr kennt, signalisiert er die Möglichkeit einer Leistungseinschränkung (etwa Intonationsunsicherheit) durch die wiederholte Information der Angst. Diese doppelte Angst kann sich zu einem Teufelskreis ausweiten, und ich habe beobachten können, daß auch Profisänger Proben abbrechen mußten, da sie einfach nicht mehr in der Lage waren, mit dieser Situation fertigzuwerden.

Die Kehlkopfeinstellung für einen spezifischen Ton wird von den Rezeptoren im Gehirn als »richtig« gewertet. Kommt jedoch vom »Restkörper« ein damit nicht korrespondierender Druck, so wird dieser vom Gehirn nicht registriert. Aus dieser Nichtübereinstimmung von Kehlkopfeinstellung, das heißt Stimmlippenspannung und übriger Körperspannung resultiert ein nicht exakter Ton. Intonationsprobleme kommen also nicht etwa von einer falschen Kehlkopfeinstellung, sondern weil die Spannungszustände im Gesamtkörper nicht realisiert werden! Diese Spannungszustände jedoch werden durch die emotionale Ausdruckserscheinung der Angst (nicht richtig zu singen) nur noch übermäßig verstärkt.

Ein anderes Problem liegt sicherlich in den scheinbar objektiven Beurteilungskriterien von mitmusizierenden Instrumentalisten (Begleitern), die ihrerseits natürlich(?) über ein klares(?) und eindeutiges(?) Bezugssystem (das Instrument) verfügen, das ihnen die Möglichkeit zum quasi richterlichen Entscheid über Gut und Böse in die Hände legt. Und nicht selten habe ich gerade jene Instrumentalisten, denen das Problem der Intonation von der Natur ihres Instrumentes her fremd ist (temperiert und nebentönig gestimmte Instrumente) über jene schmunzeln sehen, die mit diesem Problem sehr wohl zu tun hatten.

Wie ich bereits erwähnt habe, gehe ich bei meinen Betrachtungen grundsätzlich von einer Spiritualität des Körpers aus. Das heißt nicht nur, daß der Körper an sich intelligent ist, sondern daß er das gesamte Wissen der Menschheit in sich trägt. Dazu gehören auch die praktischen Aspekte der gesamten Musikgeschichte. Als für unsere Betrachtungen relevant sei hier nur die Frage nach der Unterschiedlichkeit der zu verschiedenen Zeiten gültigen Stimmungen oder Temperaturen herausgegriffen sowie, daraus resultierend, das Problem einer korrekten Intonation. Die gleichmäßige Temperierung, so wie wir sie heute als für unsere Musik verbindlich kennen, kam erst zur Zeit Johann Sebastian Bachs auf. Sie ist also relativ jung. In der gesamten Musikgeschichte davor galten andere Temperierungen als verbindlich (z. B. pythagoräisch, Werkmeister etc.). Unser gesamtes musikalisches Erbe ist in Form von körperlichem Wissen heute noch präsent.

Forscher haben herausgefunden, daß unser Gehör keineswegs als absolut bezeichnet werden kann. Unser Ohr verfügt vielmehr über die Fähigkeit des »Zurechthörens«, das heißt, es toleriert Abweichungen von der exakten Tonhöhe von bis zu 40 Prozent nach oben und unten (also insgesamt 80 Prozent). Wenn man bedenkt, daß eine vierzigprozentige Abweichung beinahe einer Vierteltonschwankung gleichkommt, können wir davon ausgehen, daß die »Toleranzfähigkeit« des Ohres außerordentlich groß ist. Warum ist das so?

Ich gehe davon aus, daß die Toleranzfähigkeit des Ohres nicht auf einer Ungenauigkeit des Organes selbst beruht, sondern vielmehr auf dem Wissen um die Vielzahl der musikalischen Möglichkeiten (z. B. Temperierungen). Das Ohr läßt sich also nicht etwa trügen, wie manche gern behaupten, sondern toleriert die Abweichungen von der Norm als Möglichkeit, etwas anders zu machen, aufgrund der Erfahrung (Spiritualität des Körpers), daß es andere Zeiten und andere Gesetzmäßigkeiten gab. Musikalische Bezugssysteme (Regeln) waren immer relativ, wenn auch für gewisse Zeit verbindlich. Sie wurden in dem Moment aufgegeben, wo sie den Weg zur Entwicklung neuer Möglichkeiten versperrten. Der Körper (das Ohr) weiß um diese Relativität der Bezugssysteme noch heute. Es erscheint mir jedoch an dieser Stelle notwendig nachzuschicken, daß es sich bei meinen Erklärungen für die möglichen Gründe des Phänomenes »Zurechthören« um rein hypothetische Annahmen handelt. Da es zumindest gegenwärtig keinerlei Beweismöglichkeiten für diese Annahmen gibt, möchte ich es meinen Lesern und Leserinnen überlassen, diese Erläuterungen zu akzeptieren oder nicht.

Auf keinen Fall jedoch möchte ich damit »falsches« Intonieren legitimieren. Wir haben es heute (wie zu anderen Zeiten auch) mit einem relativen, aber dennoch für unsere Zeit gültigen musikalischen Bezugssystem zu tun. Und im Akzeptieren der Gültigkeit dieses Systemes liegt auch das Kriterium für die Beurteilung von Richtig oder Falsch bei der Intonation. Daher muß die Notwendigkeit zum Treffen des heute für uns »richtigen Tones« zunächst auch weiterhin akzeptiert werden.

Wie können wir nun sichergehen, nicht Opfer der eingangs erwähnten doppelten Angst zu werden? Um diese Frage befriedigend beantworten zu können, müssen wir etwas näher auf die unterschiedlichen »Hörgewohnheiten« eingehen. Hier sei zunächst einmal auf die vom Gehirn getroffene Unterscheidung zwischen linkem und rechtem Hören hingewiesen. Das Gehirn verarbeitet die Signale, die über das linke Ohr eintreffen, anders als jene, die über das rechte Ohr ankommen. Ein einfacher Test kann dies beweisen. Wenn wir nämlich das gleiche Signal mit abwechselnd nur einem Ohr (das andere geschlossen halten) aufnehmen, werden wir Unterschiede in der Tonhöhe feststellen können. Allerdings läßt sich hier keine eindeutige oder allgemein verbindliche Zuordnung treffen, da diese Unterschiede sehr stark von den individuellen Hörgewohnheiten abhängig sind. So hört das linke Ohr (rechte Gehirnhälfte) global, während das rechte Ohr (linke Gehirnhälfte) eher analytisch und gerichtet hört. Je nachdem, auf welchem Ohr jemand seinen Schwerpunkt hat, das heißt, welcher Art zu hören er/ sie mehr Bedeutung beimißt, wird die Intonationskontrolle entweder auf globalem oder analytischem Hören beruhen.

Ein anderer Unterschied besteht zwischen innerem und äußerem Hören. Auch hier kommen wieder individuelle Hörgewohnheiten zum Ausdruck. Ein inneres Hören findet statt, wenn die Musizierenden (Singenden) während ihrer Ausführungen die Aufmerksamkeit auf ihre innere Resonanz richten, wenn also das körperliche Resonanzgefühl innerlich an das Gehirn weitergeleitet wird. Von äußerem Hören spricht man, wenn eine klangliche Beurteilung der Schallreflexionen über das Außenohr erfolgt, wenn die Singenden also den Klang ihrer Stimme hören, nachdem er durch den Raum zu ihnen zurückgeworfen wurde. Die Gewohnheiten des inneren und äußeren Hörens hängen eng mit dem persönlichen Temperament zusammen. So wird ein sehr introvertierter Mensch eher innerlich hören, während ein eher extravertiert Veranlagter zu äußerem Hören neigen wird.

Wie wird nun die Intonationskorrektur durch inneres und äußeres Hören vorgenommen? Trifft eine Schallquelle unser Ohr, so erzeugt das Ohr selbst sowohl »Obertöne« als auch »Kombinationstöne«.[19] Dies läßt eine Harmoniestruktur im Körper entstehen, die bei innerem Hören unter Umständen sehr leicht wahrgenommen werden kann (vgl. die Praxis des Obertonsingens). Macht sich der einzelne mit dieser inneren Harmonisierung vertraut, sollte es ihm eigentlich nicht schwerfallen, seinen eigenen Beitrag (Stimme) und das sich daraus ergebende Resonanzverhältnis im Körper, mit dem von außen herangetragenen und vom Ohr harmonisierten Schallsignal (Musik) zu vermischen. Meine Erfahrungen haben gezeigt, daß dieses Hineinhören, dieses »Hineinkriechen« in den Gesamtklang, außerordentlich wertvoll ist für die Gewöhnung an die spezifische Harmonie eines bestimmten Musikstückes. Diese Gewöhnung spielt sich auf einer sehr körperlichen Ebene ab, denn der Körper erlebt den Gesamtklang des jeweiligen Stückes und speichert diesen Erfahrungswert. Nicht umsonst kann man eine Verbesserung der Intonation oftmals allein durch vielfaches Wiederholen (Proben) herbeiführen, denn Wiederholung gewöhnt den Körper an die Situation.

Die Intonationskorrektur durch inneres Hören ist allerdings nicht ganz unproblematisch, setzt sie doch eine Zugangsmöglichkeit zum inneren Schwingungsbereich voraus (besonders im Kopf, wo diese Vermischung stattfindet). Ist diese Möglichkeit gegeben (ich habe die Erfahrung gemacht, daß dabei äußerst hilfreich ist, die Aufmerksamkeit im Stirnbereich zu konzentrieren), wird eine Tonhöhenkorrektur entsprechend leichter möglich sein, als wenn der Zugang zur inneren Resonanz versperrt ist. Daher passiert es häufig, daß jemand, der verschnupft ist, nicht richtig hört, beziehungsweise intoniert. Ein anderer, ebenfalls wichtiger Aspekt ist sicherlich auch der Grad der Panzerung des okkularen Segmentes, da hier auch über das Maß der inneren Wahrnehmung im Kopfbereich entschieden wird.

Eine Intonationskorrektur über äußeres Hören geht in den meisten Fällen mit erhöhter Muskeltätigkeit, beziehungsweise verstärktem subglottischem Luftdruck einher. Ich habe bereits erwähnt, daß diese Form des Aufwandes die körperliche Leistungsfähigkeit und daher die qualitativ optimale stimmliche Entfaltung einschränkt. Daher erscheint es mir als nicht zielführend, diese Methode für das Intonationstraining anzuwenden.

Wird Intonation geübt, so ist zunächst notwendig, daß das Bezugssystem (Klavier) gut gestimmt ist. Ich werde im Praxisteil Übungen vorstellen, mit denen eine Form der »hörenden Imagination« erreicht und gefördert wird. Von besonderer Bedeutung ist dabei, daß der/die Übende sich dem Klang vollständig hingeben kann, das heißt Öffnung im Bereich der Stirn bzw. dahinter. Kontrolliert nun eine zweite Person die Richtigkeit der Tonhöhe, so sollte sie etwaige Abweichungen von der exakten Tonhöhe aus psychologischen Gründen nicht einfach als »falsch« identifizieren, da diese Form des »Urteils« beim Übenden möglicherweise eine unmittelbare Verlagerung vom inneren auf das äußere Hören zur Folge hat.

Wenn der Übungsprozeß der Intonation abgeschlossen ist, können wir davon ausgehen daß die Erfahrungswerte vom Körper aufgenommen und abgelegt wurden. Nun sollte vom ausschließlich inneren Hören abgegangen werden, da sich die Aufmerksamkeit bei einem Vortrag nach außen richten muß. Während des Vortrages ist es nicht mehr in dem Maße möglich, die inneren Prozesse zu beobachten, da sonst der Kommunikationsfluß und damit auch die Qualitäten der Stimme gehemmt werden. Hier sollten alle für das Singen notwendigen funktionalen Prozesse automatisch ablaufen können. Frage an einen Tenor: »Wie atmen Sie beim Singen?« Antwort: »Wenn ich singe, habe ich keine Zeit darüber nachzudenken!«

Schüler und Lehrer

»Die menschliche Stimme ist ihrem Ursprung und Wesen nach Ausdruck des Seelischen, sie führt also den Menschen zu sich selbst und zugleich über sich selbst hinaus. Daher kann man im Grunde auch keine »Stimme bilden«, ohne daß der Mensch innerlich mitreift.

Stimm-Bildung heißt, den Schüler durch die Stimme zu seinem eigentlichen Wesen führen, indem sie eine echte Verbindung sucht zwischen dem Bewußtmachen der Stimmvorgänge und der Unbefangenheit des natürlichen Ausdrucks im Erleben.«[20]

Schüler und Lehrer stellen nach allgemeinem Verständnis die Antipoden eines Systems dar, das auf gegenseitiger Abhängigkeit basiert. Der Schüler verschließt in seinem Bestreben, den Lehrer zu imitieren, mehr oder weniger die Augen vor der Tatsache, daß ihm das gesamte künstlerische Potential, das jemals durch ihn nach außen zu dringen vermag, von Anfang an zur Verfügung stand. Künstlerisches Potential und künstlerische Ambition können nicht anerzogen werden; sie werden lediglich erkannt, beziehungsweise anerkannt.

Kann nun der Schüler auf der Suche nach stimmlich-künstlerischen Entfaltungsmöglichkeiten völlig auf sich allein gestellt bleiben, oder ist es unumgänglich, daß er einen Lehrer findet, der ihm Anleitung und Hilfestellung gibt?

Die unüberschaubare Anzahl an Stimmbildnern (allein in New York City sind es dreitausend) macht deutlich, daß es einem Suchenden nicht gerade leicht gemacht wird, einen geeigneten Lehrer zu finden. Erschwert wird die Auswahl zusätzlich dadurch, daß es eine Vielzahl von oft divergierenden Methoden gibt, und daß jeder Stimmbildner seine Methode als die einzig richtige und daher allgemeingültige ansieht. Lehrer, die ihre Schüler ermutigen, auch andere Systeme kennenzulernen, sind eher die Ausnahme. Alles, was verunsichert, aufgebrochen, hinterfragt und angezweifelt wird, trifft auf Ängstlichkeit und Ablehnung. So kann man generell sagen, daß jenen Wissenden das Prinzip des Suchens fremd ist, und sie daher den Suchenden (Schülern) die Möglichkeit zur Teilhabe am Wissen auch nur innerhalb eines begrenzten Rahmens zu geben bereit sind.

Für eine sinnvolle Neugestaltung der Arbeitsweise und des Verhältnisses zwischen Schüler und Lehrer erscheint es mir notwendig, die Begriffe »Suchender« für den Schüler und »Wissender« für den Lehrer zu vertauschen. Lassen Sie uns den Schüler als Wissenden (Träger des Wissens) bezeichnen und den Lehrer als den Suchenden. Das ist jedoch nicht im Sinne eines einfachen Rollentausches mit daraus resultierendem Wechsel der Machtverhältnisse zu verstehen. Es geht vielmehr um eine völlige Neudefinition der Begriffe Schüler und Lehrer, die sich auf die Arbeitsweise ebenso auswirkt wie auf die Beziehung zwischen den beiden.

Wenn ein Schüler als Träger des Wissens sich einen Lehrer sucht, so tut er das aus dem Wunsch heraus, mit jemandem zu arbeiten, der ihm beim Erkennen dieses Wissens behilflich ist. Eine der wesentlichsten Aufgaben des Lehrers besteht also darin, das im Schüler personifizierte Wissen (intuitiv) zu erfassen und es zum Schüler zurückzuführen, was auf seiten des Schülers Erkenntnis und die Entfaltung seines künstlerischen Potentials zur Folge hat. So wird schließlich der Lehrer auf der Suche nach dem Wissen im Schüler selbst zum Lernenden. Gleichzeitig aber gibt der Lehrer seine Machtposition auf, denn jeder Weg hin zum Schüler ist neu, bisher nicht beschritten.

Die sich daraus ergebende Problematik liegt auf der Hand. Die Tatsache, daß der Lehrer seine Autoritätsposition aufgibt, macht ihn in hohem Maße angreifbar. Denn durch das Aufgeben des Wissens und durch die Abkehr von einem bestimmten System entzieht er sich selbst die Grundlage seiner Lehre. Er wird *leer*! Doch genau in diesem *Leerwerden* liegt die Möglichkeit zum Entdecken, zum Erkennen von etwas Neuem, Einzigartigem, und das fördert die Entfaltung der künstlerischen Individualität des Schülers.

All dies setzt aber auch eine enorme Bereitschaft auf seiten des Schülers voraus. Diese Bereitschaft äußert sich keineswegs nur in der Bezahlung des Honorars, sondern sehr viel mehr im Mut zur Begegnung mit sich selbst. Dieses Encounter mit den höchsten Höhen geistig-körperlichen Wissens und den tiefsten Tiefen menschlicher Schwächen bringt meist eine völlige Verunsicherung des Schülers hinsichtlich seines Lebenskonzeptes und seiner persönlichen Identität mit sich und führt nicht selten zu einer Neustrukturierung seiner persönlichen Lebensumstände. Denn das hervorbrechende Wissen ist oft völlig anders als das Bild, das man sich davon gemacht haben mag.

Das Vertrauensverhältnis zwischen Schüler und Lehrer, die sich zwangsläufig ergebende Intimität bestimmt ganz wesentlich die Effizienz der Arbeitsweise. Wird der Lehrer leer und bahnt sich als Suchender einen Weg zum Schüler, und liefert sich der Schüler dem Lehrer aus, indem er den Mut zur Begegnung mit sich selbst aufbringt, dann sind der Entfaltung der Stimme keine Grenzen mehr gesetzt. Da künstlerische Kapazität nicht angelernt werden kann, ist sie möglicherweise ein Resultat der Intimität zwischen Lehrer und Schüler, dieser Intimität, die es dem Lehrer ermöglicht, das in seinem Schüler vorhandene Wissen zu erkennen und zu entfalten. Je mehr sich Lehrer und Schüler einander annähern, je mehr sie sich gegenseitig ausliefern, desto tiefer wird das Verständnis des Lehrers für das im Schüler vorhandene Wissen, und desto größer werden die Möglichkeiten zur Freisetzung seiner künstlerischen Kapazitäten.

»Auf die Bühne, Sie sind noch nicht soweit!«

Viele Gesangslehrer haben noch viel mehr Schüler und Schülerinnen. Im Laufe der stimmlichen Ausbildung kommt jeder Schüler/jede Schülerin an einen Punkt, wo er/sie fühlt, daß es nun eigentlich an der Zeit wäre, das in all den Jahren Angesammelte, Gelernte und Entfaltete einmal auf eine konkrete Basis zu stellen und anzuwenden. Plötzlich hat man das Gefühl, daß es nicht mehr genügt, allein im stillen Kämmerlein zu üben und sich gewissermaßen im Vorfeld der musikalischen Praxis aufzuhalten. Der Wunsch nach Umsetzbarkeit und Erprobung der erlangten sängerischen Fähigkeiten treibt in Richtung Bühne, und es ist ein ungeschriebenes Gesetz, daß sich meist genau in dem Moment, in dem die Zeit reif ist, eine Möglichkeit zum Sprung auf die Bretter auftut, die die Welt bedeuten. Dieser Weg führt jedoch in der Regel nicht am eigenen Lehrer vorbei, und es gibt wohl kaum jemanden, der seinen Lehrer nicht gefragt hätte: »Ich habe von da oder dort ein Angebot bekommen. Was halten Sie davon?«

Die meisten jungen Sänger und Sängerinnen, mit denen ich über dieses Thema gesprochen habe, erzählten mir, ihre Lehrer hätten ihnen abgeraten, und zwar mit der Begründung, sie seien noch nicht soweit. Derartige Antworten und die damit verbundenen Einschränkungen sind nicht besonders förderlich für das persönliche und künstlerische Selbstbewußtsein der Schüler.

Hier ist der Vergleich mit einem Kleinkind angebracht, das die ersten Versuche unternimmt, auf eigenen Beinen zu stehen. Auch wenn es den Eltern schwerfällt, hier nicht zu intervenieren, um das Kind vor möglichen Verletzungen zu bewahren, ist genau dieses Nicht-Eingreifen das psychologisch richtige Verhalten. Das Kind muß bestimmte Erfahrungen selbst machen, um Verantwortung für sich selbst übernehmen zu können. Die Fähigkeit zu laufen kommt allein durch das Laufen.

Das gilt auch für die auf die Bühne drängenden Schüler. Die Fähigkeit zu singen, kommt allein durch das Singen – auch auf der Bühne. Darüber hinaus kann man auf der Bühne eine Erfahrung machen, die allein zu Hause niemals gemacht werden kann: *sich exponieren!* Dies ist eine sehr wichtige Erfahrung und oft ausschlaggebend für jemanden, der Sänger oder Sängerin von Beruf werden will.

Es stellt sich ferner die Frage, warum Lehrer, die Sänger oder Sängerinnen ausbilden, ihren Schülern oft gerade in dem Augenblick Einhalt gebieten, in dem es für ihre persönlich-sängerische Entwicklung dringend nötig wäre, konkrete Schritte in Richtung Bühne zu tun. Wie kann sich jemand anmaßen zu sagen, jemand anderer sei noch nicht weit genug? Wie kann jemand sagen, er/sie könne die künstlerische Verantwortung für einen Schüler/eine Schülerin nicht übernehmen. Ist nicht jeder Mensch für sich selbst verantwortlich, und können nicht gerade die größten Niederlagen sich im Endeffekt als Siege erweisen?

Eine junge Frau, Studentin der Gitarre, kam zu mir in ein Seminar. Sie berichtete von den extremen Problemen, die sie hatte, weil sie mit der Vorspielsituation nicht umgehen konnte. Es ging sogar soweit, daß sie sich überlegt hatte, ihr Studium und damit ihre Zukunft als Musikerin aufzugeben, da die einzige Hilfe, die ihr ihr Lehrer angeboten hatte, in dem Rat bestand, es doch einmal mit Beta-Blockern zu versuchen. Ich war entsetzt. Zwar wußte ich, daß derartige Methoden sich in Musikerkreisen mittlerweile etabliert hatten, aber daß sie nun schon an Musikhochschulen von Lehrern empfohlen wurden, verschlug mir denn doch die Sprache.

Allerdings verstand ich plötzlich, was es mit der »Verantwortung« des Lehrers auf sich hatte. »Seine« Schülerin hatte gut zu sein, und das um jeden Preis. Sind die Schüler weniger gut, weniger perfekt im technischen Sinne, so kann das unter Umständen die Qualitäten des Lehrers in Frage stellen. Und welcher Lehrer/welche Lehrerin läßt das schon gern zu. In dem erwähnten Fall versuchte der Lehrer nicht etwa seiner Schülerin zu helfen, sondern letztlich nur sich selbst. Sie sollte ruhiggestellt werden, damit *er* die Verantwortung weiterhin tragen konnte.

Lehrer, die wirklich Verantwortung übernehmen möchten, fördern ihre Schüler und Schülerinnen genau da, wo sie es am nötigsten brauchen. Glücklicherweise gibt es auch Lehrer, die beispielsweise Konzerte für ihre Schüler veranstalten oder ihnen »Jobs« zukommen lassen, damit sie Gelegenheit bekommen, sich in der Praxis ihres Berufes zu üben. Und das sollte ja letztlich zur Ausbildung gehören. Die Vorspiel- und Klassenabende an den musikalischen Ausbildungsinstitutionen fallen für die Aufführenden meist unter die Kategorie »Horrortrip«. Es wird verlangt (von wem eigentlich?), daß jeder, der die Bühne betritt, bereits ziemlich perfekt ist. Das Podium wird zum Kultplatz, zum Heiligtum, zu einem Ort für Reine und

Makellose, auf dem Stümper und Anfänger nichts zu suchen haben. Wenn solche Vorgaben jedoch bereits die Ausbildung bestimmen, damit die Lehrer leichter die Verantwortung übernehmen können, werden die Schüler früher oder später zu ihrer »Initiationsdroge« greifen müssen, um in den Kreis der Hundertprozentigen aufgenommen werden zu können.

Wie schön wäre es dagegen, wenn die Schüler von Anfang an ermutigt würden, sich immer wieder zu exponieren und sich in all ihrer menschlichen Unvollkommenheit zu zeigen. Das würde einen Lernprozeß in Gang setzen, der auf lange Sicht sicherlich nur Vorteile mit sich bringen würde, nämlich Praxis und Routine für den Beruf des Musikers. Die wichtigsten Erfahrungen wurden letztlich immer auf der Bühne selbst gemacht.

Daher: *Auf die Bühne, Sie sind…?!*

Stimme und Therapie

Jeder singende Mensch wird im Laufe seines Lebens bemerken können, daß das Singen seine Persönlichkeit entscheidend beeinflußt. Sei es, daß sich sogenannte schlechte Stimmungen, beispielsweise Depressionen, transformieren und spannungsgeladene Zustände auflösen ließen oder daß sich einfach nur das allgemeine Befinden verbessert; Singen geht am Menschen nicht spurlos vorüber. Dr. Jorgos Canacakis berichtet von einer durchgeführten Studie mit der zentralen Frage »Lernen die Studenten im Singunterricht außer dem Singen noch andere Dinge, die im Verhalten zu beobachten sind?« Die Frage war an zwanzig Gesangspädagogen gerichtet, die bis zum Interview mindestens fünfzig Studenten unterrichtet hatten. Es wurden folgende Änderungen im Verhalten der Studenten erfaßt (Reihenfolge nach beobachteter Häufigkeit):[21]

1. Hemmungsverminderung
2. Spontanere Gefühlsäußerung (bewußterer Umgang mit Gefühlen)
3. Verbesserte Körperwahrnehmung
4. Verbesserung der Ausdrucksfähigkeit
5. Offenerer und freierer Kontakt zu anderen
6. Entwicklung der Polaritäten weich – stark
7. Harmonisierung der ganzen Persönlichkeit
8. Stabileres Verhalten

Es soll auch eine Untersuchung über die durchschnittliche Lebenserwartung von Sängern und Sängerinnen gegeben haben, deren Ergebnis besagt, daß Sänger und Sängerinnen eine höhere Lebenserwartung haben als Menschen, die nicht singen.

Im Oktober 1990 hatte ich Gelegenheit, mir auf dem Ersten Europäischen Symposium für Stimme und Therapie in Hückeswagen einen Eindruck von den enormen therapeutischen Möglichkeiten »allein« durch den Einsatz der Stimme zu verschaffen.

Die Stimme schließt den Menschen auf und eröffnet ihm so neue Wege zur Selbsterkenntnis und zur Selbstheilung im Sinne einer Ganzwerdung. Die in der Gesangstherapie gewonnenen körperlichen(?) Erkenntnisse stellen gewissermaßen den Ausweg aus der Misere dar. Der Mensch wird nicht mit geistigintellektuellem Wissen über seinen Zustand entlassen (prinzipielle Statik), das Singen als kreativer Prozeß (prinzipielle Dynamik) ermöglicht ihm vielmehr eine Weiterbewegung. Wir können sogar soweit gehen zu sagen, daß sich musikalisch-technische Probleme beim Singen ganz klar mit Problemen dem Leben gegenüber in Zusammenhang bringen lassen.

Was bedeutet es, wenn jemand beim Singen permanent das Tempo verschleppt, also ständig hinter dem eigentlichen Metrum der Musik herläuft? Was schließen wir daraus, wenn jemand immer etwas zu früh einsetzt, sich also vor dem eigentlichen Einsatz des musikalischen Gesamtklanges präsentiert? Was hören wir aus rhythmischen Ungenauigkeiten? Wissen wir doch, daß Rhythmus eines der wesentlichen Elemente in der Musik ist und daß der Rhythmus auch dem Menschen innewohnt: im Herzschlag, in der Blutzirkulation, im Atemzyklus. Störungen im musikalischen Rhythmus weisen auf gestörte personelle Rhythmen hin. Diese Behauptungen sind, von exklusiv musikalischer Warte aus betrachtet, sicherlich spekulativ, von musiktherapeutischem Standpunkt jedoch völlig klar und akzeptiert. Können wir, auch wenn es uns in erster Linie um die Umsetzung musikalisch-künstlerischer Inhalte geht, den therapeutischen Aspekt ganz ausklammern? Wenn wir akzeptieren, daß Singen den ganzen Menschen verändern kann, müssen wir diese Frage gewiß mit Nein beantworten!

Es ist klar, daß es eine Zone gibt, in der sich die beiden Bereiche überlappen, wo sie ineinander übergreifen. Ich hörte eine Gesangslehrerin über einen ihrer Schüler sagen, daß es ihn sicherlich weiter gebracht hätte, wenn er einige Jahre seiner dreizehnjährigen Gesangsausbildung für eine Therapie verwendet hätte. Eine solche Bemerkung ist wohl insofern berechtigt, als eine gute Therapie tief verborgene Wahrheiten über einen Menschen ans Licht bringen kann, von denen dieser Mensch sicherlich für den Rest seines Lebens profitiert. Kann man das auch von einer musikalischen Ausbildung behaupten? Tiefe Wahrheiten, das körperlich spirituelle Wissen eines Menschen sollten in der Gestaltung und Interpretation von Musik zum Ausdruck kommen. Wir müssen daher nach Möglichkeiten für eine authentische Umsetzung unserer künstlerischen Ambitionen suchen. Es scheint mir, als hätten die Damen und Herren aus der noch sehr jungen Sparte »Gesangstherapie« gegenüber ihren Musikerkollegen und -kolleginnen die Nase vorn.

Während des erwähnten Kongresses hatte ich Gelegenheit, den englischen Drama- und Psychotherapeuten Derek Gale bei der Arbeit zu erleben. Er gab einer Schülerin eine »Gesangsstunde«. Der Begriff Gesangsstunde steht deshalb in Anführungszeichen, weil diese Lektion absolut nicht mit dem zu vergleichen war, was wir normalerweise darunter verstehen. Innerhalb kürzester Zeit war etwa die Hälfte des Auditoriums (ca. 40–50 Personen) in Tränen aufgelöst. Der Prozeß der Öffnung der Person über die Stimme hatte etwas derartig Ergreifendes an sich, daß sich die meisten der nur »Zuseher« sicherlich wie Voyeure vorgekommen sind. Hier wurden Tabus übertreten und Heiligtümer geöffnet. Die folgende stimmliche Umsetzung von *Sometimes I feel like a Motherless Child* war in einem Bereich angesiedelt, der jenseits von schön oder häßlich lediglich als *wahrhaftig* und *ergreifend* zu beschreiben bleibt.

Weiter erwähnenswert die Arbeit der Sängerin und Stimmtherapeutin Sibylle Schmidt. Ausgebildet in der Methode des kanadischen Kinesiologen Edwin Coppard verbindet sie Meridianarbeit und stimmliche Entfaltungsmöglichkeiten. Nach einer Phase stimmlichen Ausdrucks (Singen eines Liedes oder Stimmimprovisation) wird der Schüler zu einem Dialog angehalten, bei dem er auf die von ihr gestellten Fragen lediglich mit Ja oder Nein zu antworten hat. Solche Fragen sind etwa: »Hast du das Gefühl, daß dir in deiner jetzigen Situation weitergeholfen werden kann?«, »Hat diese Hilfe mit Berührung zu tun?« und so weiter. Ist die Antwort ein Nein, stellt sie weitere, präzisere Fragen. Antwortet der Schüler mit ja, beginnt sie entsprechend der Fragestellung mit der Arbeit am Körper des Schülers. Die Grundlage für ihre Arbeit ist die »Körperintuition« des Schülers, die ihn in jeder Situation dazu bringt, Verantwortung für sich selbst zu übernehmen und seine Bedürfnisse klar zu formulieren. Es wurde deutlich, daß eigentlich jeder in der Lage ist, auf diese Weise seinen ganz persönlichen

Weg für die Entfaltung der Stimme zu finden. Das bedeutet natürlich auch, niemanden nachzuahmen, also weder beispielhafte Interpretationen zu imitieren noch sich in irgendeine Abhängigkeit von einem Lehrer zu begeben. Ein sehr einfacher und klarer Weg! Es war schön zu hören und zu sehen, daß so etwas wirklich funktionieren kann.

Beeindruckt hat mich ferner die Arbeit, die Dr. Jorgos Canacakis in seinen »Trauerseminaren« leistet. Ausgehend von der Tatsache, daß die nicht verarbeitete persönliche Geschichte und ihr Zugriff auf die Emotionalität den Menschen in der freien Entfaltung seiner Kreativität einschränkt, schafft sein Angebot an Möglichkeiten zum Trauern einen Raum, in dem Befreiung von Begrenzungen und Einengung auf sehr persönlicher Ebene stattfindet. Dr. Canacakis, der selbst jahrelang als Opernsänger tätig war, bietet einen Weg zur Loslösung von emotionalen Mustern über die Trauerarbeit mit entsprechendem stimmlichem Ausdruck. An dieser Stelle sei auch das sogenannte *Keening* erwähnt, eine Praxis der Klage (Trauerarbeit über die Stimme) mit sehr langer Tradition. Laeh Maggie Garfield schreibt darüber:[22]

> »Das heutige englische Wort *keen* stammt von dem irisch-gälischen *caonim*: »klagen oder heulen wie eine Witwe in Trauer; ein Geräusch wie das Kreischen einer Eule hervorbringen; eine Totenklage oder ein Trauergesang, der mit lauter klagender Stimme vorgetragen wird; ein Jammern oder ein Leidensruf; eine rhythmische Schilderung des Lebens und des Charakters eines Verstorbenen.«

Daß das *Keening* in erster Linie von Frauen praktiziert wurde und wird, spricht für sich. Wir alle kennen den Ausdruck »jammern oder klagen wie die Weiber«. Das gesellschaftlich anerkannte, wenn auch nicht ganz so neue Bild des Mannes von sich selbst gestattet derartige »Ausbrüche« eigentlich nicht. Aber wohin geht der Mann mit seiner Trauer? Natürlich auf Distanz! Prof. Dr. Dr. Hilarion Petzolt erwähnte in einem Vortrag, daß die Fähigkeit zur »Trauerarbeit« vom Zynismus verdrängt worden ist. Der stimmliche Ausdruck der Klage, der Trauer, ist etwas zutiefst Wahrhaftiges und Echtes, dem sich niemand wirklich entziehen kann. L. M. Garfield schreibt weiter:

> »Die Töne selbst sind schrill und zerreißen beim Zuhörer die Fassade Gefühlskontrolle. Klagende Frauen, die 1982 bei einer Demon-

stration während der Mittagspause das Pentagon umlagerten, brachten die dort arbeitenden kriegsgesinnten Herren so sehr aus der Fassung, daß sie lieber wieder ins Gebäude zurückwichen, als diese Klangmauer zu durchstoßen.«

Singen ist immer eine Art Therapie gewesen – etwa in Form des oben erwähnten *Keening* oder anderer Praktiken. Bereits in der griechischen Antike gab es im Rahmen der medizinischen Ausbildung das Spezialfach »Anaphonesis«, eine Art der Stimmkunde. Es galt als selbstverständlich, daß bei Störungen des Singorganismus der »Phonaskos«, nach heutigen Begriffen ein Stimmtherapeut, in Anspruch genommen wurde. So soll es beispielsweise möglich gewesen sein, aus gesungenen Skalen Rückschlüsse auf den Gesundheitszustand eines Patienten zu ziehen. Ebenso soll das Tonleitersingen zu therapeutischen Zwecken verwendet worden sein. Sowohl der Arzt Aretaios als auch der berühmte Chirurg Antylos setzten die Anaphonesis als Deklamieren, Rufen, lautes Ausdrucksprechen und Singen praktisch ein. Die Wirkung der Stimmarbeit galt als gesichert, besonders zur allgemeinen Kräftigung und zur »Psychohygiene«.[23]
Heute besinnt man sich wieder auf die Einsatzmöglichkeiten der Stimme zu therapeutischen Zwecken. Die Wirksamkeit des stimmlichen Ausdrucks für die Selbstheilung im weitesten Sinne des Wortes steht außer Frage. Forschungen im Bereich der Soziologie und Psychologie bestätigen, was eigentlich jeder Mensch bereits seit seiner Kindheit körperlich weiß. Singen hilft! Und zwar so ziemlich gegen jegliches Übel. Ich denke, daß jeder weiß, wie Kinder mit Situationen umgehen, in denen sie Angst haben (z. B. allein in den Keller gehen oder in der Dunkelheit allein zu sein). Natürlich singen sie! Kann man hier jedoch von einem bewußten Einsatz der Stimme als therapeutisches Mittel sprechen? Wohl kaum. Der Körper verschafft sich vielmehr spontan einen Ausweg aus der Angstsituation. Die emotionale Energie, durch den Angststreß freigesetzt, bleibt nicht im Körper und kann also auch keinen Schaden anrichten. Erwachsene lernen mit solchen Situationen umzugehen, sie »in den Griff« zu bekommen. Wir kennen das »Hinunterschlucken« als »wirkungsvolle?« Methode zur emotionalen Kontrolle. In diesem Fall jedoch bleiben die durch den Streß verursachten Toxine im Körper, sammeln sich und werden im Laufe der Zeit zu »Zeitbomben«, deren Endlagerung leider bis heute nicht geklärt ist. Wir können jedoch davon ausgehen, daß Gifte in jeglicher Form auf die Dauer der Gesundheit des Menschen nicht förderlich sind.

Wer wollte bezweifeln, daß Singen wirklich lebensverlängernd ist, wenn es den Menschen umstimmt, seine persönliche Ausdrucksenergie freier fließen läßt, ihn dadurch sogar vom »Zugriff« seiner persönlichen Geschichte befreit, wenn es ihn entgiftet, ihn körperlich, geistig und emotional flexibel hält? Aber Singen bedeutet mehr. Es ist die permanente Auseinandersetzung mit sich selbst und daher eigentlich ein andauernder therapeutischer Prozeß. Es ist ein Suchen in allen verborgenen Winkeln der Persönlichkeit, ein Verlangen, alles an den Tag zu bringen, umzusetzen, auszuleben.

Was der sogenannte normale Mensch am singenden Künstler so bewundert, ist, daß der sich eine Möglichkeit geschaffen hat, sich selbst immer wieder zu begegnen, seine Bedürfnisse kennenzulernen und sie nach außen hin zu präsentieren. Jedoch vergißt der »normale Mensch«, daß es auch bei ihm eine Zeit gab, in der er diese direkte Umsetzung seiner Wünsche und Bedürfnisse pflegte, nämlich als Baby oder Kleinkind. Lange bevor die sprachliche Kommunikation im Leben eines Menschen möglich wird, äußert er sich bereits sehr konkret über die Stimme. Eltern wissen, was ihre Kinder ausdrücken wollen, auch wenn diese nicht in der Lage sind, sich dem Erwachsenenstandard entsprechend mitzuteilen. Je mehr sich bei Kindern die Sprache entwickelt, desto stärker werden sie auch dem Sozialisationsprozeß unterworfen. Da unsere Gesellschaft nach sehr strikten hierarchischen Prinzipien funktioniert, bedeutet das für die meisten Kinder auch einen Verlust ihrer Macht, ihrer Kraft, ihrer Eigenständigkeit im stimmlichen Ausdruck. Da die Erwachsenen den Kindern rhetorisch immer überlegen sind, haben sich diese durch das Akzeptieren von Sprache als gültigem Medium in der Kommunikation auch der Tatsache zu stellen, daß sie vorerst die Unterlegenen bleiben werden. Hierin liegt sicherlich auch einer der Gründe für die bei Kindern häufig feststellbare »unglaubliche Sturheit« der Autorität der Erwachsenen gegenüber. So verfiel meine Frau eines Tages spontan ins Singen, als unsere beiden Töchter (eineinhalb und dreieinhalb Jahre) wieder einmal überhaupt nicht so wollten, wie sie es ihnen vorgab. Anstatt also lediglich verbal auszudrücken, was sie von ihnen erwartete, gab sie ihre Anweisungen singend. Das Problem war sofort aus der Welt! Es geschah auch, daß wir singend einen Tag verarbeiteten. Der Inhalt ergab sich dann immer von selbst, improvisierend, mußte also nicht gesucht werden. Auseinandersetzungen mit anderen Kindern auf dem Spielplatz, Probleme mit dem Straßenverkehr, mit dem Babysitter und so weiter kamen so ganz unmittelbar »zur Sprache«, es wurden auch keine Stories erfunden, was auf der sprachlichen Ebene sehr wohl öfter vorgekommen war. In diesem Zusammenhang fällt mir das Kabaretprogramm einer Bekannten ein, die in einer Szene zur politischen Situation Österreichs darauf verwies, daß es einen parlamentarischen Beschluß gegeben habe, der Politikern vorschreibe, sich in Ausübung ihres Amtes nur mehr singend mitzuteilen, da auf diese Weise eindeutig feststellbar sei, ob jemand lüge oder nicht.

In allen therapeutischen Prozessen wird eine Umsetzung der individuellen Wahrheiten in das reale Geschehen des Lebens angestrebt. Stimme ist Wahrheit in der reinsten Form und somit permanente Therapie. Durch Singen werden die archaischen Strukturen des Bewußtseins leichter angeregt als durch den Versuch, den Intellekt durch den Intellekt auszutricksen. An dieser Stelle möchte ich jedoch darauf hinweisen, daß es nicht ausreicht, den Menschen zum stimmlichen Ausdruck all seiner Gefühle anzuhalten. Man sollte ihm gleichzeitig oder vielleicht sogar vorher das entsprechende *know how* für eine stimmliche Umsetzung mitgeben. Ich habe Leute gehört, die nach zweiwöchiger Intensivtherapie eine derart »geschändete« Stimme hatten, daß sich der anschließend konsultierte Stimmspezialist wunderte, wie so etwas in so kurzer Zeit möglich war. Wer seine Stimme zerlegt, zerlegt sich selbst! Die stimmliche Ausdrucksenergie wird durch den falschen Gebrauch der Stimme (beispielsweise das Pressen der Stimme) zu einem energetischen Bumerang, der in der Regel ziemlich hart trifft. Hier könnte den Therapeuten selbst ein bißchen Stimmunterricht nicht schaden. Der Stimmapparat hat einen äußerst komplizierten Mechanismus, der, wenn er gestört oder beschädigt wird, den Weg für die weitere Offenbarung körperlichen Wissens versperrt. Daher ist Vorsicht im Umgang mit der Stimme geboten. Weiß man aber um den richtigen, das heißt gesunden Gebrauch der Stimme, dann kann die Stimme ein enormer Verstärker in einem therapeutischen Prozeß sein, denn Stimme ist ihrer Natur nach ein Verstärker der Persönlichkeit.

Solve et coagule – Stimmentfaltung als alchimistischer Prozeß

Die Gewinnung von Gold aus Blei war eines der Ziele der mittelalterlichen Alchimisten, und die Formel für diesen Vorgang stand, metaphorisch betrachtet, für die Verwandlung des Menschen. Diese Verwandlung, treffender als Veredelung bezeichnet, verlief nach dem Prinzip *solve et coagule*, also schmelzen und zusammensetzen von Materie. Das Schmelzen des Bleis, gleichzusetzen mit der Auflösung der »alten Natur« des Menschen (verdeutlicht in den Stufen *mortificatio* und *solutio*), wurde zur notwendigen Voraussetzung für das Erkennen des Goldes im Menschen (der Aufstieg zur kosmischen Ordnung ermöglicht den Zugang zum »Stein der Weisen«) und dessen Manifestation innerhalb der individuellen Realität (Fixierung und »alchimische Hochzeit« als Endpunkt des Prozesses). Diese Prinzipien für die Veredelung der menschlichen Natur, deren Ziel eine sukzessive Vervollkommnung des Menschen ist, haben eine sehr lange Tradition. So weist bereits das vierzigtägige Zurückziehen in der Wüste bei den Urchristen auf die Möglichkeit der Arbeit an sich selbst hin. Das Zurückgeworfensein auf sich selbst und die Gelegenheit, in der Einsamkeit sich selbst (dem Gott/der Göttin) zu begegnen, galt als notwendig, um festgefügte Strukturen aufgeben zu können und so zu einer neuen Form der inneren Ordnung auf einem höheren Niveau zu gelangen.

Das Aufgeben nicht authentischer Persönlichkeitsstrukturen war integrierter Bestandteil derartiger Veränderungsprozesse und brachte von jeher eine Form der Krise, der Katharsis für die Betroffenen mit sich. In den Initiationsriten der alten Zeit (etwa in den griechischen Mysterien) finden wir den Weg durch das Labyrinth als Symbol für die menschlichen Irrwege im Prozeß der Vervollkommnung. Das Labyrinth als Irrgarten, als Weg zwischen Leben und Tod entließ den Suchenden in das strahlende Licht Apollos, und damit war ihm die Aufnahme in den Kreis der Eingeweihten gewiß. Die keltischen Tanzplätze hatten gewiß ähnliche Funktion. Und erst kürzlich erzählte mir ein Senegalese, daß er zu Beginn seiner Pubertät zwei Wochen lang allein in den Dschungel geschickt wurde, um nach der bestandenen Prüfung in den Kreis der Männer aufgenommen werden zu können.

Der Mystiker betrachtet das Leben als eine Folge verschiedener Einweihungsstufen. Jeder neue Lebensabschnitt kommt einer Initiation gleich, verbunden mit jeweils neuen Aufgaben und Verpflichtungen. Und noch heute klingt in den Stimmungen persönlicher Festivitäten etwas von dem alten Geist der Einweihungsrituale nach. Geburtstagsfeste, Verlobungsfeiern, Eheschließungszeremonien stimmen die Menschen oft freudig und traurig zugleich. Welche Braut/welcher Bräutigam hätte sich nicht am Abend vor dem großen Tag gefragt, ob die Entscheidung wohl richtig war, hätte nicht der alten Lebensform auch nachgetrauert und sich Angst vor dem, was die Zukunft bringt, eingestehen müssen. Das Zeremoniell des Polterabends am Tag vor der Trauung symbolisiert außer Glück- und Segenswünschen auch das Zerbrechen der bisherigen Lebensphase: den Rückblick auf Vergangenes, den Abschied von erreichten und damit überflüssig gewordenen Zielen, den Tod des bisher gelebten Lebens; gleichzeitig aber auch Erwartung und freudvolle Angst vor dem, was kommen wird: den neuen Aufgaben und neuen Prüfungen als Vorbereitung für wieder neue Einweihungen und damit verbundenem erneutem Abschiednehmen.

Auch die Stimme hat teil an den kleinen und großen Initiationen des Lebens. So kann die Entfaltung der Stimme durchaus gleichgesetzt werden mit dem Schmelzen von Blei (dem Aufgeben gewohnter Persönlichkeitsstrukturen) und dem Gewinnen und Festigen von Gold (Etablieren von neuen, möglicherweise ungeahnten Dimensionen der Persönlichkeit und Individualität). Und genau dieser Prozeß des Schmelzens und Zusammensetzens, der Transformation der Persönlichkeit (als Stimme), ist zentraler Gegenstand des Geschehens in meinen Stimmseminaren. Um Neues zu finden und zu festigen, muß Altes geschmolzen, aufgegeben werden. Somit werden Katharsis, Chaos, Nicht-Kontrolle und Fehlleistung auf der einen Seite, sowie Einssein mit sich selbst, ängstliche Freude über gefundenes, vorsichtiges Erkunden des Neulandes und Stabilisierung einer neuen Identität (wie etwa: Ja, ich habe eine Stimme!) auf der anderen Seite zu wesentlichen Merkmalen in meiner Arbeit mit den Forscherinnen und Forschern der Stimme.

Ist es also Alchimie, Magie, das Wissen um eine komplizierte Formel, das mich und die anderen Suchenden in das Labyrinth oder auf den Tanzplatz der Stimme treibt? Nein! Es ist ganz einfach die triebhafte Lust, den Stein der Weisen ins Rollen zu bringen. Es ist die unglaubliche Dynamik, die aus der (immer noch bestehenden) Verbundenheit mit dem »Goldenen Zeitalter« resultiert, die den einzelnen zwar oft erschrecken mag, ihn jedoch gleichzeitig anspornt, auf dem Weg der Stimme als einem Weg zu sich selbst weiterzugehen.

Der in meinen Seminaren stattfindende Prozeß der Verwandlung, der Transformation, auf eine neue persönliche und stimmliche Ebene weist große Ähnlichkeiten auf mit dem eingangs beschriebenen alchimistischen Prozeß der Gewinnung von Gold. Die *mortificatio* als das Aufgeben dessen, was man glaubte zu sein oder sein zu müssen, ist der erste und vielleicht wichtigste Schritt, um einen transformatorischen Prozeß in Gang zu bringen. Es ist die Distanzierung von sich selbst (im Sinne einer Objektivierung) und damit einhergehend die Befreiung vom Zugriff der persönlich-individuellen Geschichte! Aus praktischer Erfahrung heraus kann ich jedoch sagen, daß dieses Aufgeben der Selbstbezogenheit den meisten Menschen äußerst schwerfällt. Identitäten wurden über Jahre (manchmal Jahrzehnte) hinweg aufgebaut und können nicht so einfach über Bord geworfen werden. In dem Augenblick aber, wo persönliche Geschichte aufhört, im Brennpunkt unseres geistigen Interesses (unserer mentalen Beschäftigung) zu stehen, beginnt die Spiritualität des Körpers zu wirken. Diese ist im Gegensatz zur mentalen Ansammlung von Informationen insofern ein dynamisches Prinzip, als sie den einzelnen Menschen immer auf den für ihn angemessenen Weg zu seiner Weiterentwicklung bringt. Zwei Freunde von mir, der eine Rechtsanwalt, der andere Manager, suchen in regelmäßigen Abständen Gegenden auf, die sie mit dem Wissen in sich selbst in Verbindung bringen. Hier wird die Wüste oder der Himalaya zum Tanzplatz, zum Labyrinth für die Begegnung mit sich selbst, und die sich offenbarende Spiritualität des Körpers, der Stein der Weisen, wird zum weisenden Prinzip Fortschritt (denn die Weisen lehren nicht, sie weisen!).

In der Arbeit mit der Stimme stellen *mortificatio* und *solutio* das Aufgeben der Vorstellungen (Konzepte) davon, wie eine Stimme zu klingen habe, dar. Der Mensch hat gelernt, seine Stimme einzuschätzen, und die meisten Menschen haben kein sehr positives Verhältnis zu ihrer stimmlichen Expressivität. Die persönliche Geschichte (daß einem beispielsweise immer gesagt wurde, man könne einfach nicht singen und würde es auch nie lernen) muß unbedingt losgelassen werden, bevor erste Schritte in Richtung einer anderen Erfahrung gemacht werden können, die schließlich zu der Erkenntnis führt, daß Geschichte nicht unbedingt die bleibende Basis für gegenwärtige Realitäten sein muß, sondern sich vielmehr selbst ständig neu formulieren kann, wenn wir den Mut haben, ihren saturnischen Ring zu sprengen. So sagte einmal ein Teilnehmer an einem meiner Seminare, der die sechzig bereits weit überschritten hatte: »Ich habe mein ganzes Leben nicht gesungen und dachte mir, daß ich es, bevor ich sterbe, gern doch noch einmal getan hätte!« Eine wunderbare Aussage, die gleichzeitig zeigt, daß es für bestimmte Dinge niemals zu spät ist. Ich brauche wohl kaum zu erwähnen, wie leicht es ihm damals fiel, einen Anfang zu machen.

Die *solutio*, der eigentliche Lösungsprozeß von tradierten Vorstellungen und Bildern, wird oft als ziemlich schmerzhaft empfunden. Körperliche

Schmerzen können auftreten, wenn sich beispielsweise die gut funktionie-renden Körperpanzerungen melden, das System der Sicherheit, das unter Umständen ein ganzes Leben lang perfektioniert wurde. Oder es entsteht ein emotionales, vielleicht mentales Chaos als Ausdruckserscheinung eines bisher gepanzerten und jetzt in Auflösung begriffenen Zustandes. Als ». . . um viele Jahre beschissen« bezeichnete kürzlich eine Frau ihren entro-pischen Zustand. Sie hatte ihr Leben (verheiratet und zwei Kinder) noch während des Vorstellungsgespräches als »durchaus normal« bezeichnet. Ich hatte ihr ans Kinn gefaßt, den Mund geöffnet, und die vielen »beschis-senen Jahre« kamen heraus und lösten sich zunächst in Tränen auf, um sich anschließend in einer wirklich phantastischen Gesangsdarbietung als »ge-reinigte Erfahrung« wieder neu zusammensetzen zu können. Vielleicht waren diese Jahre deshalb so »besch. . .« gewesen, weil der Mund es nie-mals wirklich zugelassen hatte, sich auf diese Art vom Zugriff der Ge-schichte zu befreien. Die Frage, wer an bestimmten Zuständen schuld ist und warum, stellt sich eigentlich nicht. Jede Initiatin/jeder Initiat tanzt vor der Einweihung durchs Labyrinth. Hier wird festgestellt, ob er oder sie reif ist für die nächste Stufe. »Was ist ein Mann? Kannst du mir das sagen?« fragte mich unlängst ein junger Mann, völlig verwirrt über die Auflösung seines bisher so perfekt organisierten und erfolgreich verlaufenden Lebens. Ich hatte, während er sang, seinen Kopf bewegt, ihn leicht zurück verla-gert, um ihn von seinem »Verdunkeln« der Stimme wegzubringen. Das damit verbundene leichtere Singen (durch bessere Ausnutzung der Kopf-resonanzqualitäten treten die Obertöne deutlicher hervor, was zu einer größeren stimmlichen Brillanz führt) bezeichnete ich unter anderem als »weniger männlich« und traf damit offensichtlich voll ins Schwarze. Ich muß gestehen, daß ich in dieser Situation die Antwort schuldig blieb, denn (als Mann) suche ich selbst. Aber vielleicht gibt es an anderer Stelle einmal Gelegenheit, über dieses Thema ausführlicher zu reflektieren.

Wenn die Phasen der Auflösung durchlaufen wurden, stehen die äuße-ren und inneren Türen offen für Erfahrungsqualitäten, die ich hier schlicht und einfach als »nicht alltäglich« bezeichnen möchte. Wurde der bindende Einfluß der Geschichte erst einmal zurückgelassen, dann ist ein Zugang zur eigentlichen, freien Natur des Menschen und seiner Stimme möglich. Die persönliche Stimme wird als unmittelbarer und selbstverständlicher Aus-druck der Lebensenergie (Atem) erkannt. Nicht Kunstprodukt! Nicht Er-gebnis eines mühevollen langwierigen Arbeitsprozesses! Sondern, und das klingt jetzt vielleicht schon ein bißchen unverschämt, sinnlich-lustvolle

Beschäftigung mit sich selbst. Dieses Entdecken eines essentiellen Vermögens ist, zumindest für jene, die sich bisher als nicht vermögend einstuften, das große Aha-Erlebnis, der Stein der Weisen oder die Rückbindung an das Goldene Zeitalter. Und das Verblüffende dabei ist, daß Es eigentlich immer da war, und nur aufgrund von »Es Soll Sein«-Vorstellungen niemals »Es Ist« werden konnte. Nun kann dieses »Es Ist« erfahren und gelebt werden, in der Person und mit der Stimme. Alle Beschönigungen oder Entschuldigungen haben sich mit *solutio* verflüssigt und Platz geschaffen für einen Zustand der erfahrbaren Unmittelbarkeit (manche würden Wahrheit sagen).

Erst aus dieser Erfahrung heraus wird im alchimistischen Sinne der Abstieg möglich. *Coagule* bezeichnet den Prozeß des Zusammensetzens, des Fixierens von Gefundenem oder Erkanntem. Es ist durchaus nicht so einfach den neuen Zustand, die neue Realität mit in den Alltag hinüber zu nehmen. Die Erkenntnisse und Erfahrungen sind meistens noch sehr fragil und bedürfen daher einer sukzessiven Umsetzung und Anpassung an das sogenannte normale Leben. Auf den Prozeß des Singens übertragen bedeutet es, daß die wenigen gefundenen »wahren« Töne einer allmählichen Entwicklung und Fixierung bedürfen, daß sie an Boden und neuer Sicherheit gewinnen müssen. So wesentlich die Erkenntnis: »Ich kann ja doch singen!« auch ist, der Weg der Stimmentfaltung bedarf einer vorsichtigen Anpassung an alltägliche Gegebenheiten. Ansonsten besteht leicht die Gefahr, wieder in alte Muster und Scheinsicherheiten zurückzufallen. Durch das allmähliche Herantasten an immer konkretere Strukturen des Singens (Lied) ist die Möglichkeit einer Übertragbarkeit jedoch gegeben. Wichtig ist, daß man auf jeder Stufe des Konkretisierens die Sicherheit, die aus der Verbindung zum »Stein der Weisen« erwachsen ist, stabilisiert und erst dann weitergeht. Und somit steht am Ende der Phase des *coagule* nicht nur die Erkenntnis, daß man die Fähigkeit zu singen hat, sondern auch die Möglichkeit, das Publikum (oder das soziale Umfeld) davon zu überzeugen. So bekam ich eines Tages eine Karte von einer Seminarteilnehmerin mit der Nachricht: »Sie singt und singt, und keinEr schränkt sie mehr ein!« Diese konkrete Schaffung einer neuen persönlichen Realität mit daraus resultierender Umgestaltung des persönlichen Umfeldes ist nichts anderes als die »Alchimische Hochzeit«.

Diese »Alchimische Hochzeit« besteht in der Vereinigung auch der gegensätzlichsten Aspekte der menschlichen Natur. Starke und schwache Seiten der Persönlichkeit verbinden sich zu einem Ganzen, konkurrieren nicht mehr, stellen einander nicht mehr in Frage. Und zu diesem Ganzen ist der Mensch vorgedrungen, schafft mit ihm seine neuen Realitäten, hat seinen sehr persönlichen »Stein der Weisen« gefunden und rollt ihn von nun an lustvoll vor sich her. Derartige Erfahrungen schreiben sich natürlich tief in den Körper hinein. Die meisten Forscherinnen und Forscher der Stimme sind in der Regel tief bewegt, wenn sie sich dann plötzlich in nicht erwarteter Weise singen hören. Ebenso tief bin ich bewegt, wenn ich ihre Stimmen höre, Stimmen, die für mich persönliche Wahrheit in ihrer reinsten Form verkörpern.

Natürlicherweise verfestigen sich gewisse Strukturen im Alltagsleben immer wieder, und es wäre unrealistisch zu glauben, man könne sich davor schützen. Aber die Tatsache, daß die Spiritualität des Körpers einmal so richtig greifen konnte, reicht aus, um aus Festgefahrenheiten immer wieder auszubrechen. Der Körper, der Intellekt, das Herz und die Seele werden im Laufe der Zeit zu einem dynamisch treibenden Ganzen, das nicht mehr zuläßt, daß Verhärtungen überhand nehmen können, und das an der Auflösung noch bestehender Verkrustungen und Scheinwahrheiten arbeitet. Dabei biete ich als ebenfalls Suchender meine Begleitung und Hilfestellung an.

. . . zur Praxis

Das Körpertraining

Singen ist eine Form der körperlichen Arbeit, und der Körper sollte daher in Form eines Trainings auf die von ihm zu leistenden Aufgaben vorbereitet werden. Die Arbeit des Körpers besteht zunächst einmal in der Bereitstellung der Resonanzfähigkeit (freies Schwingen der Resonanzräume) und darüber hinaus in der Aktivierung des Zwerchfells sowie in der sukzessiven Steigerung einer gesunden körperlichen Funktionalität.

Diesen Erfordernissen kann jedoch nur dann genügt werden, wenn man wenigstens von einem einigermaßen »normalen«, das heißt gesunden Körperzustand ausgehen kann. Das kann jedoch generell nicht vorausgesetzt werden. Wir haben (ich hatte es bereits an anderer Stelle erwähnt) ein perfekt funktionierendes System zur Abpanzerung auf körperlicher Ebene, was wiederum eine Beeinträchtigung der körperlichen Resonanzfähigkeit zur Folge hat. Andererseits sei die Möglichkeit zu körperlicher Indisposition erwähnt (z. B. Wirbelsäulendeformationen), welche ihrerseits das Maß einer vollen körperlichen Funktionalität und somit Leistungsfähigkeit reduziert.

Das Körpertraining dient der Wiederherstellung von funktioneller Leistungsfähigkeit und Gesundheit. Das Übungsprogramm umfaßt einen scheinbar passiven und einen scheinbar aktiven Teil. Den Begriff »scheinbar« habe ich deshalb gewählt, da sich in diesem Fall keine einfache Unterscheidung in passiv und aktiv treffen läßt, sondern vielmehr beide Begriffe in jedem Übungsteil enthalten sind. Was bedeutet das?

Der scheinbar passive Teil des Übungsprogrammes umfaßt die Massage bestimmter Körperregionen. Das hat eine Auflösung der sogenannten Körperpanzerungen zur Folge, wodurch die Schwingungsfähigkeit der Resonanzräume erhöht wird. Ferner wird durch Entspannung, gerade im Zwerchfellbereich, eine Flexibilisierung des Zwerchfellmuskels erreicht, wodurch die Zwerchfellarbeit erst ermöglicht wird. Dieser passive Übungsteil setzt jedoch auf der Seite derjenigen, die massiert werden, den Akt (Aktivität) der Hingabe, des Sich-Auslieferns voraus, was sie lediglich scheinbar passiv macht.

Der aktive Teil des Übungsprogrammes umfaßt Atem-Körper-Koordinationsübungen, die darauf abzielen, die Funktionalität und Leistungsfähigkeit des Körpers zu erhöhen. Bei diesen Übungen geht es einerseits darum, Deformationen im Bereich der Wirbelsäule auszugleichen (der Körper wird sozusagen ausgerichtet), und andererseits um eine Kräftigung des gesamtkörperlichen Zustandes unter Aufrechterhaltung einer Flexibilität des Zwerchfelles. Der scheinbar aktive Aspekt dieses Übungsteiles setzt jedoch voraus, daß sich der Übende nicht über die von seinem Körper gesetzten Grenzen hinweg zwingt, sondern vielmehr durch nachgebendes Entspannen (Passivität) diese Grenzen mit der Zeit mehr und mehr zu verschieben lernt. Hier hebt sich die ansonsten klar gezogene Trennungslinie zwischen *Passiv* und *Aktiv* auf. Beide Aspekte bedingen einander, ja sind einander immanent, wenn das Übungsprogramm effizient sein soll.

Das Massageprogramm enthält Übungen, die auch in der Körpertherapie oder Bioenergetik vorkommen, wobei jedoch immer der Einsatz der Stimme berücksichtigt wird. Der Gebrauch der Stimme ist insofern notwendig, als dem stimmlichen Ausdruck während eines Massageprozesses die Funktion eines Barometers zukommt. Die Stimme zeigt Veränderungen auf körperlicher Ebene, wie etwa die Erhöhung der Resonanzfähigkeit und damit verbundene erhöhte stimmliche Ausdrucksqualitäten an.

Die Atem-Körper-Koordinationsübungen basieren auf dem Lebenswerk von Professor Hilde Langer-Rühl, die über einen Zeitraum von mehreren Jahrzehnten ein Programm entwickelt hat, das speziell darauf ausgerichtet ist, die physische Leistungsfähigkeit von Sängern und Instrumentalisten zu erhöhen. Frau Professor Langer-Rühl fand in Beobachtungen heraus, daß durch die einseitige Beanspruchung beim Spielen eines Instrumentes über lange Zeiträume körperliche Funktionalität und somit Leistungsfähigkeiten in vehementer Weise eingeschränkt werden. Als ausgebildete Pianistin (sie war Schülerin von Wilhelm Kempf) zeigte sie sehr bald ein Interesse an den Seitenwegen musikalischer Didaktik und entschied sich, beeinflußt von Otto Volkmann, für eine Ausbildung in der Methode Schlaffhorst-Andersen (1932–35). Sehr bald stellte sie jedoch fest, daß es hinsichtlich der Übertragbarkeit dieser Prinzipien in die musikalische Realität des Instrumentalspieles gewisse Probleme gab. Daher entschied sie sich, selbst nach einer geeigneten Möglichkeit zur Integration von gesunder körperlicher Funktionalität und musikalischem Profitum zu suchen. Hierbei war ihr besonders der baltische Pianist und Komponist Eduard Erdmann (1896–1958) behilflich, der von diesen physiologischen

Dingen sehr viel wußte (im Gegensatz zum Wunderkind Wilhelm Kempf). Es schienen ihr zwei Aspekte als besonders wesentlich: *Atem und Körper.* Sie fand heraus, daß Einschränkungen auf körperlicher Ebene (etwa durch einseitige Belastung beim Instrumentalspiel) die Fähigkeit zu einer natürlichen Atemführung einschränken und die Atemkapazität insgesamt vermindern, ferner, daß Atemblockaden (es ist erwiesen, daß bei musikalisch-technisch schwierigen Passagen der Instrumentalist vielfach mit einem Atemstau reagiert) auf längere Sicht die körperliche Funktionalität und Leistungsfähigkeit in extremer Weise beeinträchtigen. Sie stellte also Übungen zusammen – teilweise anderen Systemen (z. B. Yoga) entnommen, größtenteils jedoch von ihr selbst entwickelt – und richtete ihr Augenmerk dabei auf die perfekte Synchronizität von Bewegungsablauf und Atemprozeß. Nur in der perfekten Koordination beider Elemente, so Frau Prof. Langer-Rühl, liege die Möglichkeit zu einem Zusammenspiel zwischen einer gesunden körperlichen Funktionalität und einer gesunden und somit musikalisch richtigen Atemführung. Diese formulierten Prinzipien seien gleichermaßen bedeutsam für Sänger und Instrumentalisten. Und sämtlichen Problemen bezüglich der Leistungsfähigkeit beim Musizieren könne durch eine perfekte Atem-Körper-Koordination begegnet werden.

Frau Prof. Langer-Rühl, die seit 1955 eine Professur an der Hochschule für Musik und darstellende Kunst in Wien innehatte, lebte während der letzten Jahre im Ruhestand, betreute aber weiterhin eine Vielzahl von Schülern, in der Regel Profimusiker aus dem In- und Ausland, bei der Lösung von Problemen hinsichtlich ihrer physisch-musikalischen Leistungsfähigkeit.

Als ich sie Mitte September 1990 erstmalig aufsuchte, um ihr von diesem Buch zu erzählen, in dem ich unter anderem ihr Lebenswerk veröffentlichen wollte, willigte sie sofort ein. Wir waren uns einig, daß die Zeit reif sei für eine neue Form der musikalischen Funktionalität, die sich nicht mehr gegen die natürliche körperliche Disposition wendet. Wir vereinbarten einen weiteren Termin vier Wochen später. Diesen Termin jedoch sollte sie nicht mehr einhalten können. Frau Prof. Langer-Rühl starb am 3. Oktober 1990 achtzigjährig in Wien. Ihre Arbeit wird heute von dem Wiener Flötisten Robert Wolf und der Sängerin Christa Schwertsik an der Musikhochschule in Wien weitergeführt.

Die Urübung

Die folgende Übung bildet gewissermaßen die Basis des hier vorgestellten Systems. Sie ist leicht durchzuführen und hat auf die Dauer eine sehr nachhaltige Wirkung, da sie die Funktionen der Atemführung und Stimmgebung korrigiert. Eine gesunde Atemführung ist die Voraussetzung für eine gesunde Stimmgebung. Sind die Bedingungen für eine gesunde Stimmgebung gegeben, dann ist eine optimale Umsetzung der Stimmkapazitäten auf jeder Stufe der stimmlichen Entfaltung gewährleistet. Das gilt nicht nur für das Singen, sondern für jede lautliche Äußerung wie sprechen, schreien, jauchzen und so weiter. Es leuchtet ein, daß jeder Stimmausdruck auf eine gesunde Basis gestellt werden muß, da sonst die stimmliche Ausdrucksenergie (etwa beim Schreien) nicht reibungslos umgesetzt werden kann und sich letztlich gegen die Person selbst richtet. Dies geschieht besonders, wenn durch verstärkten Druck auf den Stimmapparat (Kehlkopf- und Stimmlippenbereich) eine gesunde Stimmfunktion nicht mehr möglich ist.

Die Übung steht am Anfang, sie ist die erste Übung des Tages, das »Aufwärmtraining« für das Erbringen stimmlicher Leistung welcher Art auch immer. Sie kann in den verschiedensten Situationen durchgeführt werden. Ich empfehle, sie zunächst liegend zu machen, vielleicht gleich morgens beim Aufwachen, wenn der Körper noch weich (nicht so verspannt) und noch an die Zwerchfellatmung gewöhnt ist, die sich während der Schlafphasen automatisch einstellt, um dann im Laufe eines Tages in der Regel mehr und mehr verlorenzugehen. Dieser Verlust der automatischen und gesunden Atemfunktionen durch verschiedene äußere Einflüsse bewirkt, daß auch die an sich automatisch und gesunde Stimmfunktion (siehe Babies) nach und nach abhanden kommt. Das muß jedoch nicht so sein!

Jedes Üben gewöhnt den Körper an eine spezifische Situation, und die Erfahrungen aus dieser Situation »schreiben« sich in den Körper hinein. Im Laufe der Zeit wird aus den gesammelten Erfahrungen konkretes körperliches Wissen, das sich immer mehr in die Phasen des Nichtübens hinübernehmen läßt. Das hat zur Folge, daß sich eine gesunde Atemführung und ein gesunder Gebrauch der Stimme automatisieren. Dieses Know-how ist von enormer Bedeutung für die Weiterentwicklung der Stimme, da Atem- und Stimmkapazitäten eingeschränkt werden, wenn die Atemführung nicht in natürlicher, d. h. gesunder Art und Weise ablaufen kann.
Wir liegen gerade und entspannt auf dem Rücken. Die Arme sind entlang des Körpers ausgestreckt. Der Körper selbst ist schwer. Das ist unmittelbar

nach dem Aufwachen sowieso der Fall. Wird die Übung während des Tages gemacht, können wir den Körper mit jedem Ausatmen mehr und mehr loslassen. Das Ausatmen wird nicht geführt, nicht verlängert, nicht gehalten. Wir atmen durch den Mund aus. Der geöffnete Mund gleicht einer geöffneten Tür, durch die der Wind (der Atem) ungehindert hindurchfließen kann. Jedes Ausatmen bringt mehr Entspannung, Weichheit, Wärme und Wohlgefühl. Unsere Aufmerksamkeit richtet sich nur auf den ausströmenden Atem.

Nach einer Weile, wenn uns das Loslassen beim Ausatmen in Fleisch und Blut übergegangen ist, richten wir unsere Aufmerksamkeit auf die Endphase der Ausatmung. Wir bemerken, wie sich die Bauchmuskulatur (das Zwerchfell) am Ende der Ausatmung spannt. Durch Auflösen dieses Spannungszustandes können wir den sogenannten Einatmungsreflex geschehen lassen. Sind wir also am Ende einer Ausatmung angekommen, gilt es, den Körper im Bauch- und Zwerchfellbereich erneut zu spannen, was ein Ansaugen vom Zwerchfell her zur Folge hat. Der Körper atmet von selbst ein, ohne daß wir willentlich oder aktiv etwas tun müssen. Wir können danach noch bewußt nachatmen, werden aber bald feststellen, daß das gar nicht nötig ist, weil sich der Körper selbst ausreichend mit Luft versorgt. Je weicher und flexibler das Zwerchfell ist, desto mehr Atemluft kann auf diese reflexive Weise angesaugt werden. Üben wir das eine Zeitlang.

Anschließend sollte sich die Aufmerksamkeit auf den Bereich richten, der primär während der Einatmungsphase aktiviert wird: Bauch, Unterbauch, Flanken und Becken. Hier wird die wahre Bedeutung des Begriffes »Tiefenatmung« offenbar, der besagt, daß wir mit dem Atem und mit unserer Aufmerksamkeit tief in den Körper hinunter gehen. Das Atemzentrum liegt nun nicht mehr in der Brust, sondern im Bauch, im Becken. Je tiefer man hinunterreicht, desto besser ist es. Später, im Stehen, kann man sich auf diese Weise ausreichend erden. Der Körper kann sich so gänzlich von der Brustatmung auf die Zwerchfellatmung umstellen, die mit einiger Übung auch im Alltag nicht mehr verlorengehen wird. Auch hier nicht vergessen, mit jedem Ausatmen loszulassen, aufzugeben und dabei den Mund gut zu öffnen. Das ist die Vorbereitung für das Herausfließenlassen der Stimme.

Wenn der Atem nach außen fließt, können wir uns mit der Stimme an den weiterhin fließenden Atem anlehnen. Beim erlösenden Seufzer passiert das ganz automatisch. Der Ton erklingt, und gleichzeitig hören (oder fühlen) wir das weiter andauernde Ausatmen. Nach kurzer Zeit wird der Ton wieder verklingen, das Ausatmen bleibt jedoch weiterhin hörbar (oder fühlbar). Der Ton selbst ist also ganz in Luft »eingebettet«. Der Atem wird nicht gepreßt, sondern ganz leicht und mit Hingabe geführt. Möglicherweise liegt hier der Schlüssel zu einem neuen Verständnis des von den alten Italienern immer wieder verwendeten Begriffes *Appoggio*, der offensichtlich falsch als »Stütze« verstanden und angewendet wurde. Heute kommt man mehr und mehr davon ab. Verstehen wir *Appoggio* also als *mit der Stimme an den ausströmenden Atem anlehnen!* Ein ganz wesentlicher Moment, der besondere Beachtung verdient, ist der Augenblick, in dem Atem in Stimme übergeht, wo also die Stimme aus dem Atmen heraus entsteht. Hier ist ganz besonders darauf zu achten, daß dieser Übergang weich und geschmeidig ist und daß kein Bruch oder Sprung zwischen Atemkontinuum und dem Einsatz der Stimme entsteht. Wir üben den weichen Stimmansatz, der ein gutes Aufwärmen des Stimmapparates gewährleistet. Diese Übung für den Stimmansatz wird auch später (beim Einsingen am Klavier) wieder aufgegriffen werden.

Wenn der Stimmansatz leicht und mühelos kommt, können wir mit dem »Aufwärmen« Schritt für Schritt weitergehen. Wenn es auf einem Ton möglich ist, warum dann nicht auch auf zwei Tönen, drei, vier, fünf...? Nach und nach kommen wir zu einer Melodie. Mühelos! Natürlich begegnen uns auf jeder neuen Stufe auch »Herausforderungen«, Dinge, an denen wir gern anfangen würden zu arbeiten. Verzichten wir jedoch auf jede Form der Intervention und fühlen wir uns im Singen einfach nur wohl. Dann werden wir feststellen, wie sich aus der immer größer werdenden Selbstverständlichkeit, mit der wir unsere Stimme einsetzen, deren Qualitäten fast wie von selbst entfalten.

Kommen wir nun zum Text und damit zur Artikulation. Der Versuch deutlich zu sprechen, kann die gewonnene Weichheit des Stimmansatzes leicht wieder zerstören, besonders dann, wenn die Deutlichkeit zu Kontraktionen im Bereich der Zunge führt. Eine sehr gute Methode, den Körper auf den Text vorzubereiten, besteht deshalb darin, die Zunge auf die Unterlippe zu legen beziehungsweise heraushängen zu lassen (so entspannt wie möglich). Der Rachenbereich wird dadurch weiter und der Atem-Tonstrom breiter und voller. Wir halten die Zunge in dieser Position und beginnen, den Text zu markieren (der Text wird recht unverständlich, und wir fühlen uns möglicherweise ein bißchen komisch). So kann der Text in die Musik eingebracht werden, ohne daß Körper und Stimme an Offenheit verlieren.

Wir singen zwei bis drei Minuten lang mit heraushängender Zunge. Danach werden wir ohne Probleme in der Lage sein, konkreter, also besser artikuliert zu singen und den Text deutlich und verständlich werden zu lassen.

Was, ihr liegt immer noch im Bett? Dann ist es jetzt höchste Zeit für das Frühstück. – Guten Morgen!

Das Massageprogramm

Das nun folgende Massageprogramm öffnet sämtliche Kanäle im Menschen, damit sein stimmlicher Ausdruck persönlich (im Sinne von *per sonare*, das, was durchklingt) wird. Ist der Körper weich und durchlässig, kann nicht nur das in ihm vorhandene Wissen ungehindert seinen Weg nach außen finden, sondern der Körper wird auch leichter modellierbar, läßt sich besser in eine neue Form bringen.

Ich habe die Funktion der verschiedenen Körperpanzerungen bereits ausführlich behandelt und anhand dessen sicherlich auch deutlich machen können, daß die Arbeit an den Panzerungen des anderen sehr viel Behutsamkeit und Einfühlungsvermögen voraussetzt. Partnerarbeit (eigentlich müßte ich Beziehung sagen) ermöglicht auf der Basis des gegenseitigen Gebens und Nehmens ein sehr tiefes Eindringen in die Realitäten des anderen. Der Erfolg der Arbeit ist also abhängig von gegenseitigem Einverständnis und Zugeständnis. Einer Person, die mich massiert, gestehe ich zu, daß sie die Saiten zum Klingen bringt, aus denen das Netz meiner persönlichen Geschichte gesponnen ist. Die andere Person sollte darauf achten, daß dieses Netz nicht etwa aus Unachtsamkeit zerstört wird. Denn Erfahrung bedeutet nicht nur persönlicher Ballast, sondern auch persönlicher Reichtum.

Die Massagen erhöhen die persönliche und damit auch die stimmliche Resonanzfähigkeit, indem sie zunächst die Hindernisse auf dem Weg dahin beseitigen. Resonanzfähigkeit muß eigentlich nicht antrainiert werden. Sie ist dem Menschen grundsätzlich gegeben, wird jedoch in der Regel von Verhärtungen eingeschränkt. Werden diese Verhärtungen aufgebrochen und schließlich aufgelöst, kehrt die Schwingungsfähigkeit zurück. Singt der/die Massierte während der Prozedur, so können wir hören, wie sich die Veränderungen auf individueller Ebene in der Entfaltung der stimmlichen Qualitäten äußern.

Brust und Rücken bilden eigentlich ein und dieselbe Körperregion. Verhärtungen in diesem Bereich äußern sich sowohl auf der Vorder- als auch
auf der Rückseite des Körpers. Dennoch möchte ich die beiden Bereiche
für die Massagearbeit grundsätzlich trennen. Es dürfte einleuchten, daß die
Massage des Brustkorbes eher der Arbeit am (nicht physischen) Herzen
entspricht als die Massage des Rückens. Viele Menschen fühlen sich auf
dem Bauch liegend viel mehr geschützt und möchten ihren Brustkorb nicht
gern gleich preisgeben. Das sollten wir respektieren.

Während des gesamten Massageprogramms kann die Urübung zum Einsingen durchgeführt werden.

Die Person, die massiert werden soll, legt sich auf den Bauch, die Arme
entlang des Körpers ausgestreckt und den Kopf so auf die Seite gelegt, daß
sich der Mund zur Stimmgebung bequem öffnen läßt. Entsteht bei der
Lautgebung ein leichter Druck im Hals, der auf die verdrehte Kopfposition
zurückzuführen wäre, kann der Kopf leicht in Richtung Nacken verlagert
werden. Verschwindet der Druck dann nicht, empfiehlt es sich, ein flaches
Kissen unter die Brust zu legen, so daß der Kopf leicht abwärts liegen kann.
Nun sollte der Druck im Hals, das Gefühl der Enge, verschwunden sein.

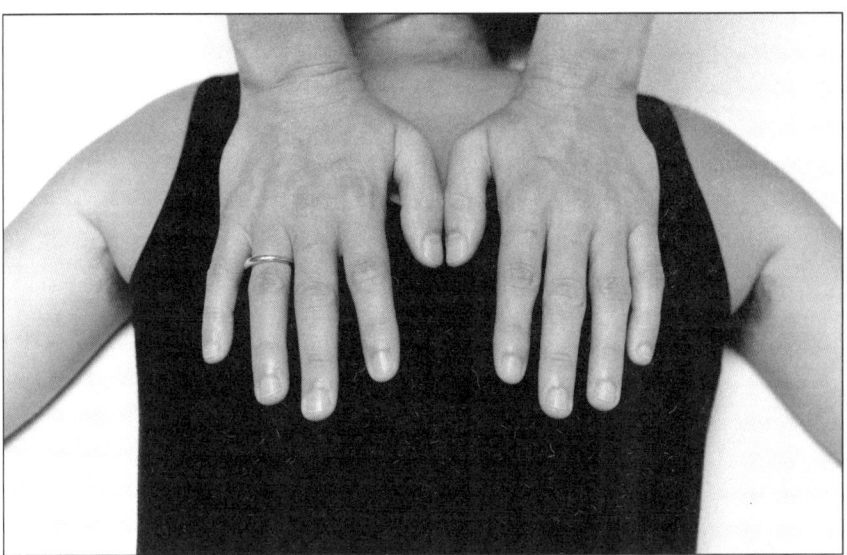

Ein Vorteil dieser Lage besteht darin, daß der Hals-Kehlkopfbereich in der verdrehten Kopfposition nicht durch lautes Aussingen zusätzlich belastet wird (unsere Partnerinnen/Partner stehen ja erst am Anfang der Stimmgebung).

Der/die Massierende setzt sich an den Kopf der liegenden Person, wenn möglich im Fersensitz mit leicht gegrätschten Beinen und legt beide Hände mit ihrer ganzen Fläche auf deren Rücken, etwa in Höhe der Schulterblätter. Zunächst geht es lediglich um eine Kontaktaufnahme. Der Körper des anderen soll sich an die Hände gewöhnen, die ihn massieren, und die Hände an den Körper. Diese Vorbereitung ist wichtig, denn das gegenseitige Fühlen ist die Voraussetzung für ein gegenseitiges Ausliefern. Wir fühlen die Wärme, die Feuchtigkeit der Haut, den Puls, das Leben im anderen.

Nach dieser ersten Gewöhnungsphase beginnen wir nun langsam die Disposition des Körpers mit unseren Händen zu erfühlen. Ich empfehle, dieses Hineintasten eher mit den Handballen als mit den Fingern auszuführen. Ein Druck mit den Fingern wird in der Regel als unangenehmer empfunden werden als die Verlagerung des eigenen Körpergewichtes über die weichen Handballen auf den Rücken des Partners oder der Partnerin. Wir arbeiten uns auf diese Weise allmählich in den Körper hinein, kneten ihn nach und nach weich und lassen ihn so durchlässiger und schwingungsfähiger werden. Nicht auf die Wirbelsäule drücken! Wir können unser Gewicht überall dorthin verlagern, wo wir Rippen finden. Das wird besonders dann deutlich, wenn wir den Rücken weiter unten abtasten. Druck auf den Körper des Partners oder der Partnerin sollte nur bis zum unteren Rippenbogen ausgeübt werden, nicht darunter, also etwa im Bereich der Nieren. Wir können jedoch die Flankenatmung aktivieren, indem wir den Körper in der Nierengegend anfassen und unseren Partner/unsere Partnerin in unsere Hände hineinatmen lassen. Dehnt sich der Flankenbereich beim Einatmen aus und hebt sich gar der Hintern (auch das können wir durch Auflegen der Hände unterstützen), ist das der beste Beweis dafür, daß diese Atemregion nicht länger brachliegt. Sie stellt nämlich ein großes Atemreservoir zur Verfügung, das wir beim Singen und beim Instrumentalspiel nutzen können.

Wir werden bald feststellen können, daß es gewisse Punkte oder Bereiche auf dem Rücken gibt, die sich bei der Massage hart und unnachgiebig anfühlen. Das sind konkrete Ausdrucksformen einer Körperpanzerung. Sie ist kein abstraktes Gebilde, sondern sehr real und daher fühlbar. Diese Bereiche beeinträchtigen die körperliche Resonanzfähigkeit. Hier

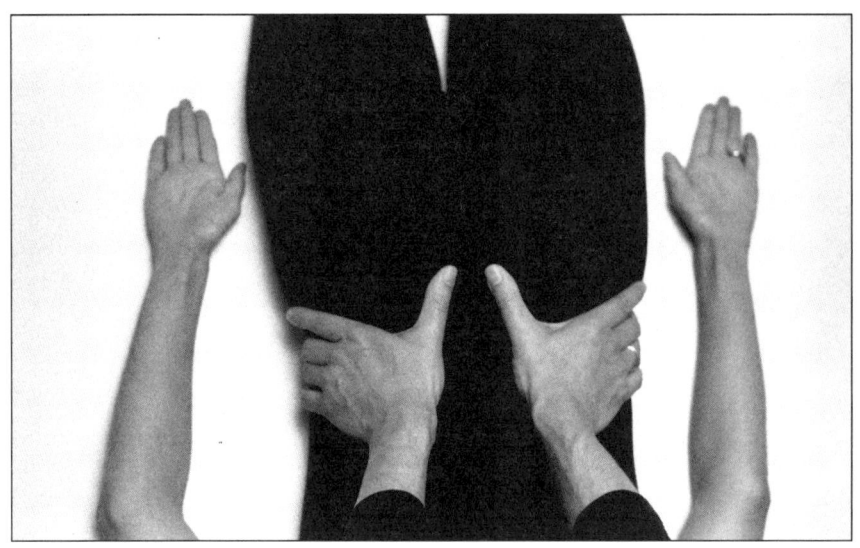

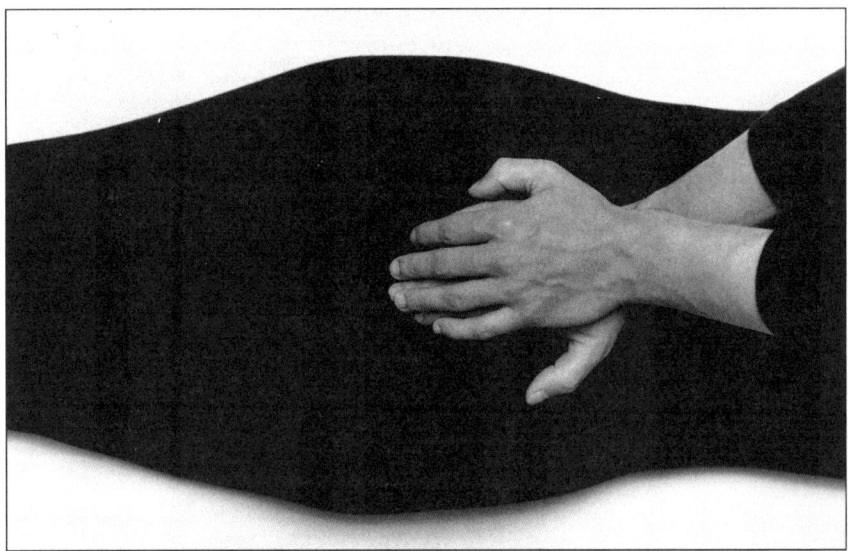

schwingt der Körper nicht mehr optimal, hier ist der Mensch in seiner
energetischen und stimmlichen Expression gehemmt. Panzerung bedeutet
Selbstschutz, persönliche Geschichte und Einschränkung der individuellen Freiheit. Machen wir uns das deutlich, wenn wir daran gehen, diese
»Sperrzonen« zu überwinden, diese »Kampfplätze« zu säubern. In der Regel werden die Regionen zwischen den Schulterblättern besonders davon

betroffen sein, aber auch die seitlichen Rippenbereiche des Brustkorbs (unter den Armen). Nachdem wir den Körper des Partners abgetastet haben, und es für uns greifbar geworden ist, an welchen Stellen der Rücken zum Sperrgebiet erklärt wurde, können wir diese Punkte konkret angehen.

Hierzu arbeiten wir uns mit den Handballen auf den entsprechenden Stellen leicht rotierend in den Körper hinein. Zwischendurch können wir ruhig auch mal etwas mehr Druck (Gewicht) auf den Rücken ausüben, so als wollten wir einen Teig mit der Hand auf einem Tisch ausbreiten. Es ist ganz wesentlich, daß die Massierenden immer darauf achten, daß der Partner/die Partnerin niemals den Atem anhält. Wird das Atmen (besonders das Ausatmen, denn es bedeutet Nachlassen) vergessen, werden auch die Panzerungen nicht wirklich aufgegeben.

Wird das Atmen, besonders das Ausatmen, in den Massageprozeß einbezogen, verabschiedet sich der Körper über kurz oder lang von selbst von den überflüssig gewordenen Blockaden, wird weicher, hingabefähiger und damit auch schwingungsfähiger. Veränderungen auf den verschiedenen Ebenen werden auch über die Stimme hörbar, wenn sie in den Prozeß einbezogen wird.

So können wir den ganzen Rücken durch Kneten oder rotierendes Hineinarbeiten weich bekommen. Eventuell auftretenden Schmerzen (besonders im Bereich zwischen den Schulterblättern) begegnet man am besten, indem man hörbar ausatmet (vielleicht seufzend oder singend).

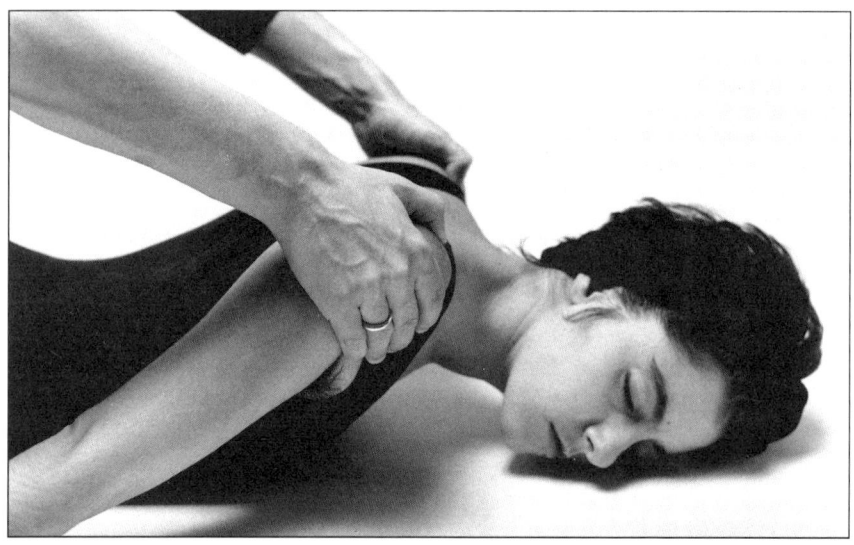

Ein Loslassen im Bereich der Schultern erreichen wir am besten, indem wir diese Partien einzeln oder auch zusammen bewegen (heben und senken).

Verspannungen hinter den Schulterblättern können wir begegnen, indem wir den Daumen tief unter das Schulterblatt schieben. Hier empfehle ich, den Arm des Partners/der Partnerin auf den Rücken zu legen, da dann das Schulterblatt weiter heraussteht.

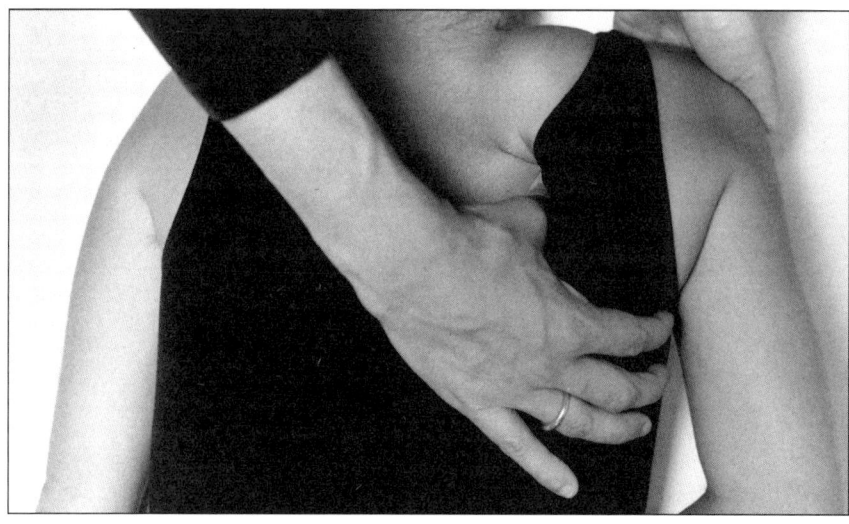

Auch die Verhärtungen im Bereich der Trapez- und Deltamuskeln lösen wir am besten, indem wir sie massieren. Gegebenenfalls lassen sich hierzu auch die Daumen verwenden.

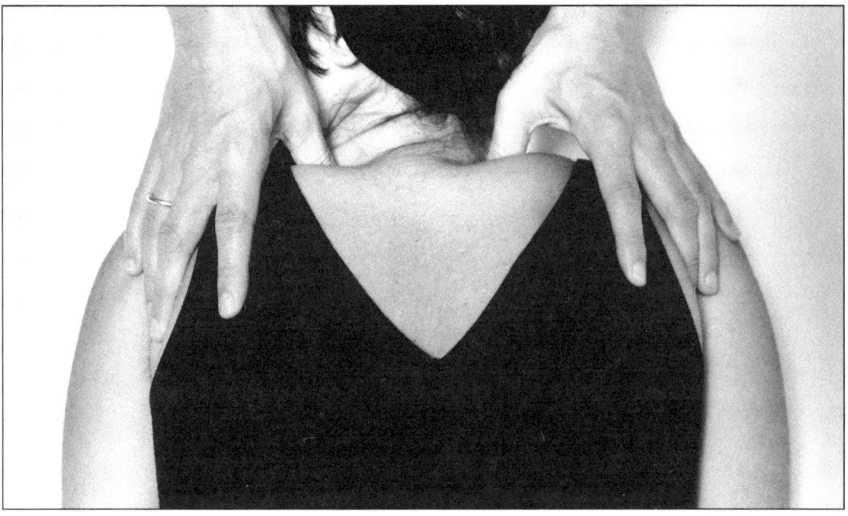

Nach etwa zwanzig Minuten werden wir und unsere Partner(innen) all-mählich das Gefühl bekommen, daß es nun genug sei. Die »Dinge« sind angerührt, und wir können davon ausgehen, daß sie im Körper allein wei-terarbeiten. Es empfiehlt sich, nun den Körper abzustreichen und ihn so wieder langsam zur Ruhe kommen zu lassen. Vielleicht klingt der Begriff Ruhe hier etwas deplaciert, jedoch möchte ich darauf hinweisen, daß es sich bei einer Massage immer um einen Eingriff in bestehende Strukturen der Persönlichkeit handelt. Nach einer Sauna ist es auch empfehlenswert, sich auszuruhen, denn die Ruhephase ist ebenso wichtig für den Gesamt-prozeß wie die Sauna selbst. Nachdem der Partner/die Partnerin wieder in der Lage ist, sich aufzurichten, können entweder die Positionen vertauscht werden oder es wird sofort mit der Massage des Brustkorbes begonnen.

Massage des Brustkorbes

Der Partner/die Partnerin legt sich auf den Rücken, die Arme wieder ent-lang des Körpers ausgestreckt. Der/die Massierende sitzt auch hier wieder am Kopfende im Fersensitz mit leicht gegrätschten Beinen. Die Hände werden nun auf den Brustkorb gelegt (die Handballen etwa unterhalb der Schlüsselbeine ansetzen) und zunächst auch dort liegengelassen. Wie ich erwähnt hatte, liegt der Brustkorb subjektiv wesentlich näher am emotionalen Bereich als der Rücken. Subjektiv deshalb, weil es von den meisten Personen so empfunden wird. Auch hier geht es wieder um ein Aufweichen und damit Durchlässigmachen des Brustkorbes.

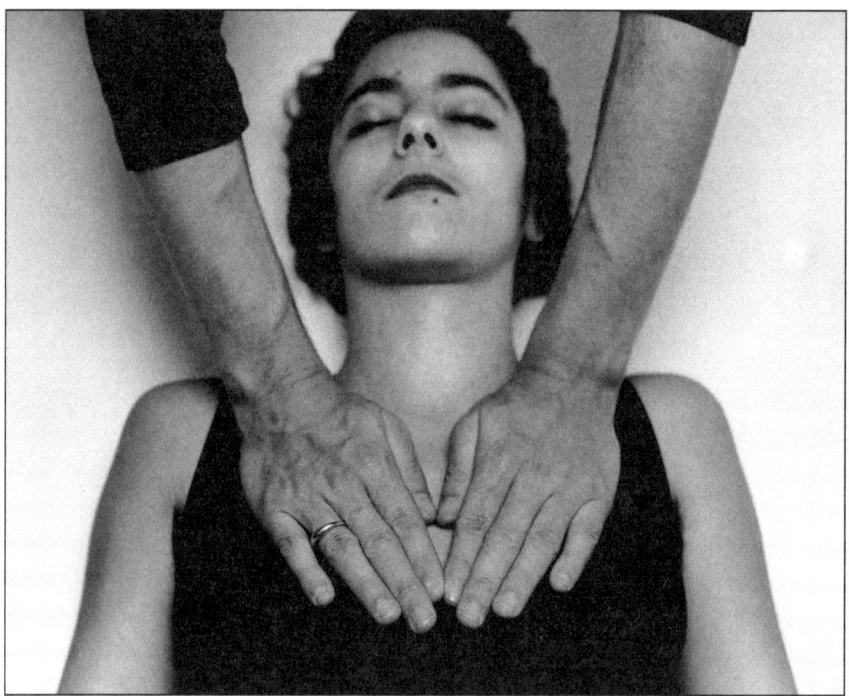

Nach kurzer Gewöhnungsphase beginnen wir, den Brustkorb über die Handballen abzutasten. Beginnen wir an den Muskelpartien unterhalb der Schlüsselbeine mit einem leichten Hineindrücken. Wir fühlen wieder, wo der Körper nachgibt und wo nicht, und tasten den Brustkorb langsam weiter abwärts bis hin zu den unteren Rippenbögen ab. Wenn wir Frauen massieren, achten wir darauf, daß wir nicht auf die Brüste drücken, denn das wäre nur schmerzhaft, nicht effizient, und die Massage bekäme möglicherweise einen grundsätzlich anderen Charakter. Bei Frauen führen wir also die Hände zur Mitte (Brustbein) hin zusammen und lassen sie erst unterhalb der Brüste, also zu den unteren Rippenbögen hin, wieder auseinandergehen.

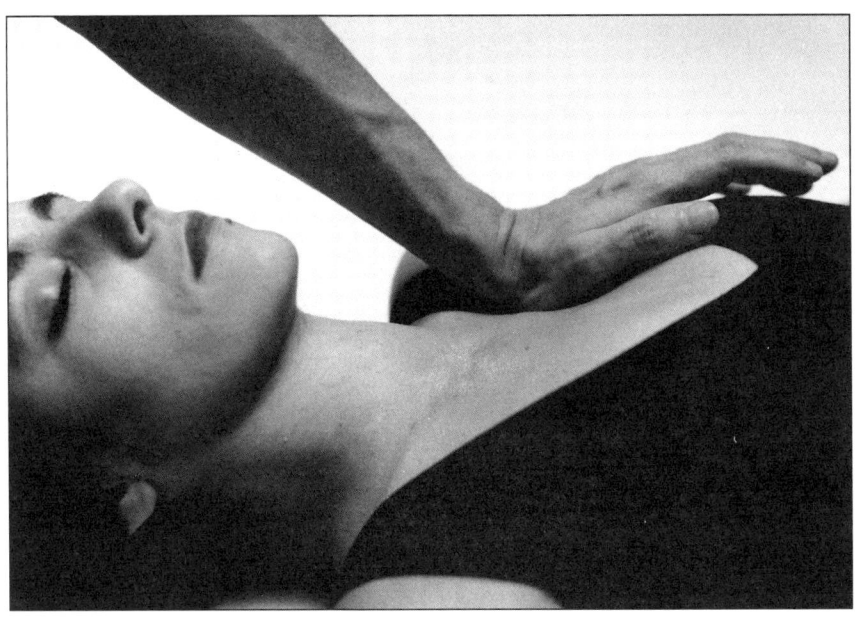

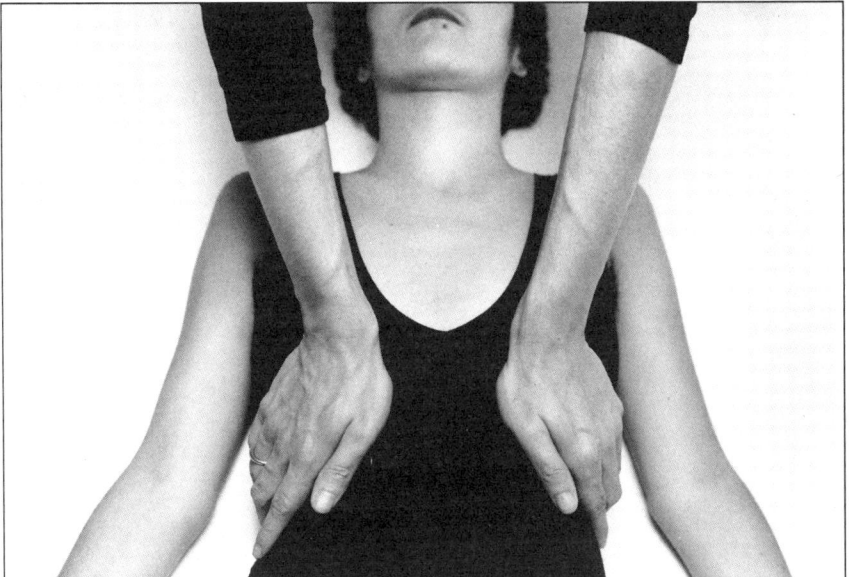

Auch kann im Bereich der seitlichen Brustrippen, also außen neben den Brüsten, massiert werden. Eine andere Möglichkeit besteht im kompletten Verschieben des Oberkörpers von der Seite.

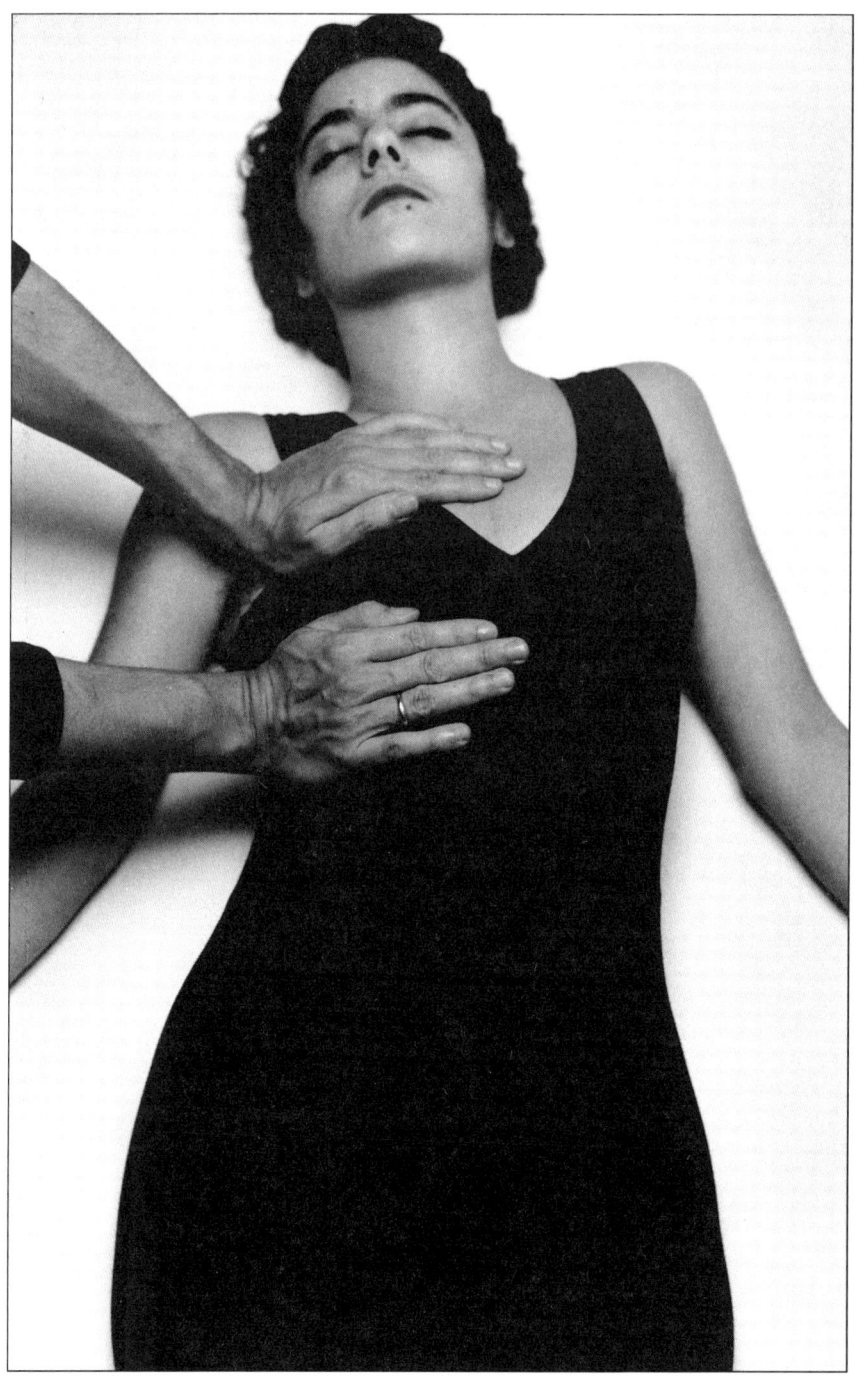

Nun sollten wir den Brustkorb kennengelernt haben, herausgefunden haben, wo eventuell harte, unnachgiebige Stellen zu finden sind, und uns nun diesen zuwenden. Rippen lassen sich bis zu vier Zentimeter tief in den Körper drücken, ohne daß Schäden auftreten. Dies soll nicht etwa als Aufforderung verstanden werden, es genau bis zu diesem Punkt zu versuchen. Ich möchte vielmehr darauf hinweisen, daß der Körper kein statisches Gebilde ist. Wenn er also in bestimmten Bereichen hart und unnachgiebig ist, so liegt das an einer Körperpanzerung, die es über kurz oder lang aufzulösen gilt. Aus meiner Erfahrung möchte ich darauf hinweisen, daß harte Stellen in der Regel in der Brustkorbmitte, also zum Brustbein hin, zu finden sind, ferner in den Bereichen direkt unterhalb der Schlüsselbeine sowie in den seitlichen Brustkorbbereichen.

Der/die Massierte wird unter Umständen Schmerzen empfinden (Druck, »Stein in der Brust«). Auch kann sich ein Gefühl der Beklommenheit mit subjektiver Beeinträchtigung des Atemvermögens einstellen. Vielleicht wird der/die Massierte das Gefühl haben, »dagegenatmen«, sich wehren zu müssen. Dann hat es keinen Sinn, mit verstärktem Druck zu massieren, denn diese »Kampfansage« wird sehr schnell in die Sackgasse führen. Es hat sich gezeigt, daß »Ablenkungsmanöver« eine ausgezeichnete Möglichkeit darstellen, um solchen Widerständen zu begegnen. Legen wir die Hände beispielsweise auf den Bauch des Partners/der Partnerin, so verlagert sich die gesamte Aufmerksamkeit wieder nach unten, also dorthin, wo sie ja eigentlich die ganze Zeit hätte bleiben sollen. Das war aber durch den subjektiv zu starken Brustkorbdruck nicht möglich. Die daraus möglicherweise entstandene Paniksituation hat sowohl Aufmerksamkeit als auch Atemzentrum nach oben rutschen lassen. Hat sich der Körper wieder beruhigt, kann der Brustkorb weitermassiert werden.

Nun hatte unser Partner/unsere Partnerin bereits genügend Zeit, sich auf das Aufwärmen der Stimmen vorzubereiten. Der Kopf liegt jetzt auch nicht mehr verdreht (wie in der Bauchlage). Daher kann nun mehr und mehr zu stimmlicher Lautgebung gemäß der beschriebenen Urübung übergegangen werden. Die Brustkorbmassage kann diesen Prozeß der Stimmentfaltung enorm erleichtern. Der/die Massierte wird feststellen, daß die »Entwicklung« der Stimme keinerlei Anstrengungen seiner-/ihrerseits bedarf. Und in der Tat können die Massierenden die Stimme einfach herausschütteln, unter der Voraussetzung, daß beide Partner entspannt und hingebungsvoll sind. Dieses Herausschütteln geschieht am besten mit dem Ausatmen. Wenn also unser Partner/unsere Partnerin ausatmet und

dabei singt, können wir mit leichten Vibrationen den Brustkorb zu einer größeren Resonanz stimulieren. Dieses Vibrieren von Armen und Händen überträgt sich direkt auf den Körper (Brustkorb) und wird über die Stimme sofort hörbar. Die Stimmführung wir dadurch weniger kontrollierbar, und es entstehen nicht selten äußerst lustige Expressionen. Jedoch werden durch diese körperlichen Fehlleistungen die Schranken zum unkontrollierten Singen sofort geöffnet, und dem Körper erschließt sich eine erheblich größere Resonanzfähigkeit. Veränderungen dieser Vibrationen hinsichtlich Rhythmus und Stärke werden ebensolche Resultate für den stimmlichen Ausdruck liefern.

Zur Lockerung von Schultern und Armen (ich hatte bereits ausgeführt, daß die Arme gewissermaßen die Fortsetzung von Panzerungen im Brust- und Rückenbereich sind) kann der Körper an den Armen hochgezogen werden. Wenn der Körper wieder abgesetzt wird (die Hände jedoch festhalten), sollten die Arme im Schulterbereich locker und entspannt hängengelassen werden können.

Ist das nicht der Fall, können wir die Arme leicht ausschütteln, indem wir jeweils eine Hand festhalten und den Arm als ganzes leicht hin und her bewegen. So fühlen wir genau, wann unser Partner/unsere Partnerin in den Schultern losläßt.

Massage des Gesichts-, Hals- und Kieferpartien

Wenden wir uns nun den oberen Resonanzbereichen zu. Hier gilt es, die Stimme auf ihrem Weg in die obere Stimmlage, das »Kopfregister«, zu öffnen und zu entlasten, ferner den Stimmausdruck nach außen hin frei und fließend werden zu lassen und darüber hinaus die Fähigkeit zu entspannter Artikulation zu fördern.

Eine der Grundvoraussetzungen dafür liegt zunächst einmal im Loslassen, im Entspannen der Hals- und Nackenpartien. Je nach Ausrichtung und Positionierung des Kopfes stellen wir eine unterschiedlich starke Beanspruchung der genannten Bereiche fest. Dies wird besonders deutlich, wenn wir uns klarmachen, was es bedeutet, den »Kopf hochzuhalten«, ihn »nicht hängenzulassen« und ihn schon gar nicht »zu verlieren«. Diese Kopfbetontheit ist doch sehr bezeichnend für unsere Art mit den Dingen umzugehen. Niemand würde sagen: »Laß dein Herz nicht hängen, halt es hoch!« Unsere Kopflastigkeit wird uns insofern zum Verhängnis, als wir das Empfinden für die Last des Kopfes im Laufe der Zeit verlieren, und das sowohl im konkreten wie im übertragenen Sinne. Der Kopf wird immer leichter, was sich auf die Tatsache zurückführen läßt, daß Hals- und Nakkenmuskulatur sich mit der Zeit immer mehr verspannen, damit nur ja der Kopf nicht verlorengeht. Wußten Sie, daß ein Kopf so etwa zwischen 4,5 und 7 Kilo wiegt? Das konnte ich jedoch bei den wenigsten Köpfen feststellen, die ich während der Massageprogramme »gewogen« habe.

Damit habe ich auch gleich die erste Übung formuliert. Wenn der Partner oder die Partnerin entspannt auf dem Rücken liegt, nehmen wir seinen/ ihren Kopf in die Hände. Mit sehr kleinen Bewegungen wird der Kopf hin und her geführt, gehoben, gesenkt und zu den Seiten gedreht. Der Kopf sollte auf keinen Fall heftig bewegt werden, da sonst die Möglichkeit zur Entspannung und dadurch zum »Verlieren des Kopfes« nicht gegeben ist. Versuchen wir, die 4,5 bis 7 Kilo Kopfgewicht unseres Partners/unserer Partnerin nach und nach in unsere Hände zu bekommen. Diese einfache Übung kann in einer Art und Weise entspannend wirken, die den Rahmen dessen sprengt, was wir gewöhnlich unter Entspannung verstehen. Das Halten und Wiegen des Kopfes appelliert an unser Urvertrauen, an das Gefühl, aufgehoben zu sein.

Nach einer Weile können wir den Kopf langsam und vorsichtig absetzen. Er müßte eigentlich bedeutend schwerer geworden sein. Nun können wir beginnen, das Gesicht unserer Partner/Partnerinnen mehr und mehr zu entspannen. Dies geht am besten, indem wir verschiedene Regionen mit den Fingern oder Daumen nach außen hin abstreichen. Legen wir also die Hände an den Kopf unseres Partners/unserer Partnerin und streichen mit den Daumen die Stirn nach außen hin glatt. Wenn wir uns das Gesicht genauer ansehen, erkennen wir anhand der Linien und Falten, wie und in welche Richtung die für das Glätten des Gesichtes notwendige Streichmassage durchgeführt werden muß.

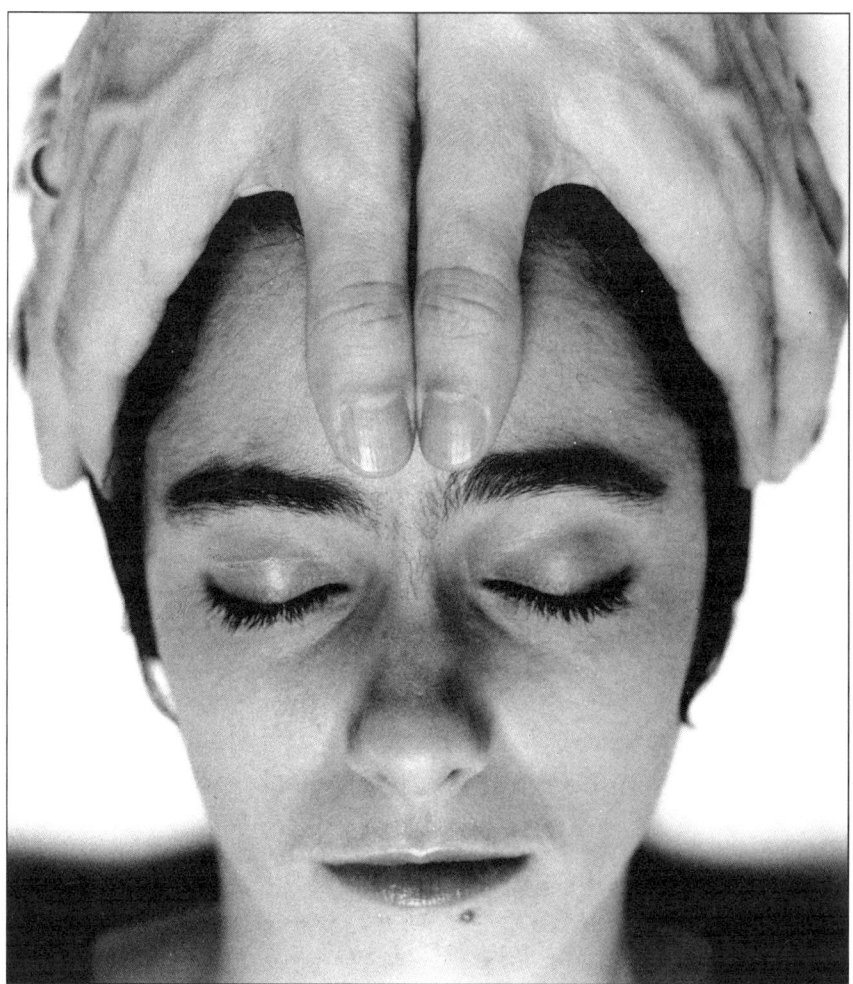

Anschließend setzen wir die Daumen unterhalb der Nasenwurzel an und streichen nach außen hin über die Wangen ab. Damit beleben wir den Nebenhöhlenbereich als schwingenden Raum.

Bemerken wir, daß unser Partner/unsere Partnerin die Nasenflügel weitet oder hochzieht, also die Nüstern bläht, so ist eindeutig zuviel Aktivität in diesem Bereich. Oftmals geht ein Weiten der Nasenflügel mit einem deutlich hörbaren Schnaufen während der Einatmung einher. Das Gefühl, sich mehr Platz schaffen zu müssen, führt zu Kontraktion im Bereich der Nase, und dadurch werden wichtige Resonanzräume hinter der Nase an ihrer optimalen Schwingungsfähigkeit gehindert. Hier läßt sich mit den Fingerspitzen an den seitlichen Ansatzstellen der Nasenflügel punktuell rotierend massieren. Oftmals entsteht ein erhebliches »Kribbeln« als Ausdruckserscheinung der Lösungsprozesse und der damit verbundenen Aktivierung von Energie und Resonanzfähigkeit.

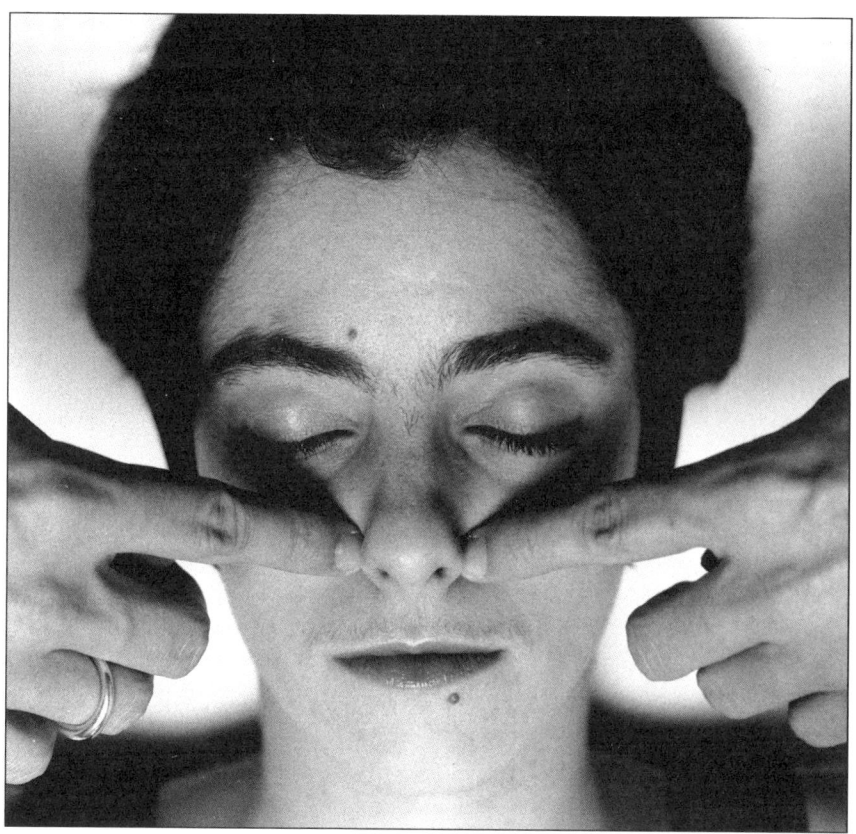

Lippen dienen dem zivilisierten Menschen als Werkzeug zur Erhaltung seiner Zivilisiertheit. Ein zusammengekniffener Mund ist ein wesentliches Merkmal für die Unterdrückung von Emotionen jeglicher Art. Bevor ein Kind zu weinen beginnt, schiebt es die Unterlippe vor. Dieses sogenannte Schippchen entlastet den Kehlkopf, und das Tränenbächlein kann ungehindert fließen. So einfach ist das. Der zivilisierte Mensch hat gelernt sich (und andere) zu beHerrschen. Dafür ist es allerdings notwendig, Schwachpunkte nicht zu zeigen, Emotionen zu zähmen und Ärger hinunterzuschlucken. Sind die Lippen schmal oder von vielen Fältchen gezeichnet, ist das ein Anzeichen dafür, daß viel Energie zurückgehalten wurde, und mit dieser Energie natürlich auch die Stimme.

Wir entspannen also die Lippen, indem wir mit den Daumen oberhalb der Oberlippe und unterhalb der Unterlippe nach außen streichen. Das Kinn miteinzubeziehen liegt nahe. So kann sich der orale Panzerring lösen, und das Öffnen des Mundes (eine notwendige Voraussetzung für das Singen) wird leichter möglich. Auch hier zeigen sich die Auflösungen in Form von Zuckungen oder Kribbeln im Lippenbereich.

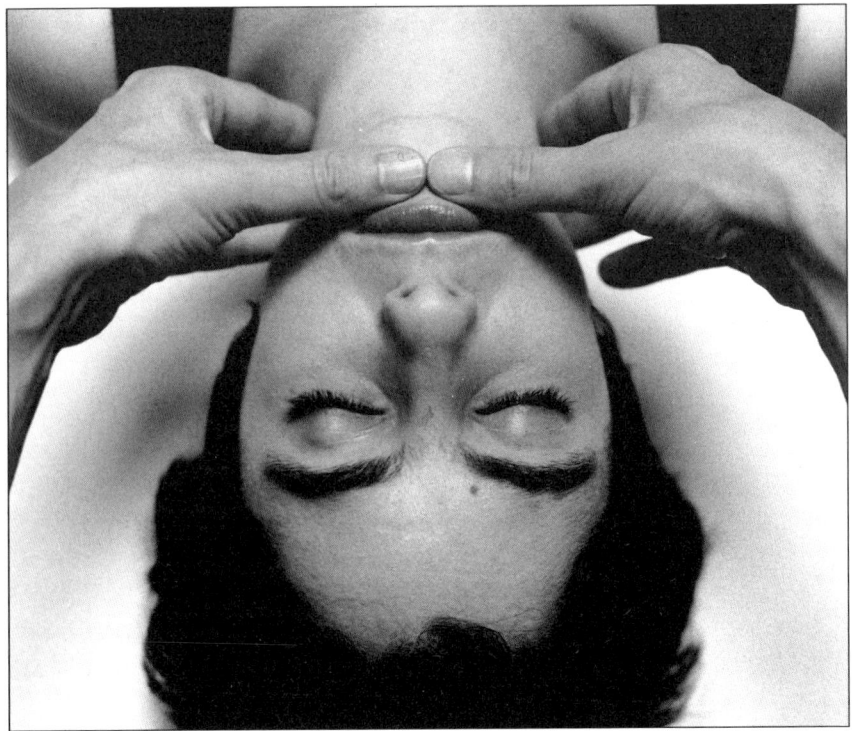

Bei der nächsten Übung geht es um die Beseitigung von Kontraktionen im Bereich der Zunge, also um Vorbereitungen für eine verbesserte Artikulationsfähigkeit. Der gesamte Zungenmuskel ist wesentlich größer als das, was wir normalerweise als Zunge kennen. Verspannungen im Bereich des Zungenmuskels sind zunächst sehr subtil und wirken sich erst in fortgeschrittenem Stadium auf die Flexibilität der Zunge und somit auf die Artikulationsfähigkeit aus. Die Einschränkung der Zungenbeweglichkeit kann soweit gehen, daß man das Gefühl bekommt, die Zunge sei angeschwollen oder im Mund irgendwie im Weg. Veränderungen beim Sprechen sind dann deutlich zu hören. Möglicherweise liegt hier die Wurzel für die Redewendung, jemand rede »geschwollen«. Die einzige Möglichkeit, an die Zunge heranzukommen, besteht darin, daß wir einen Finger so weit als möglich in den Mundboden stecken.

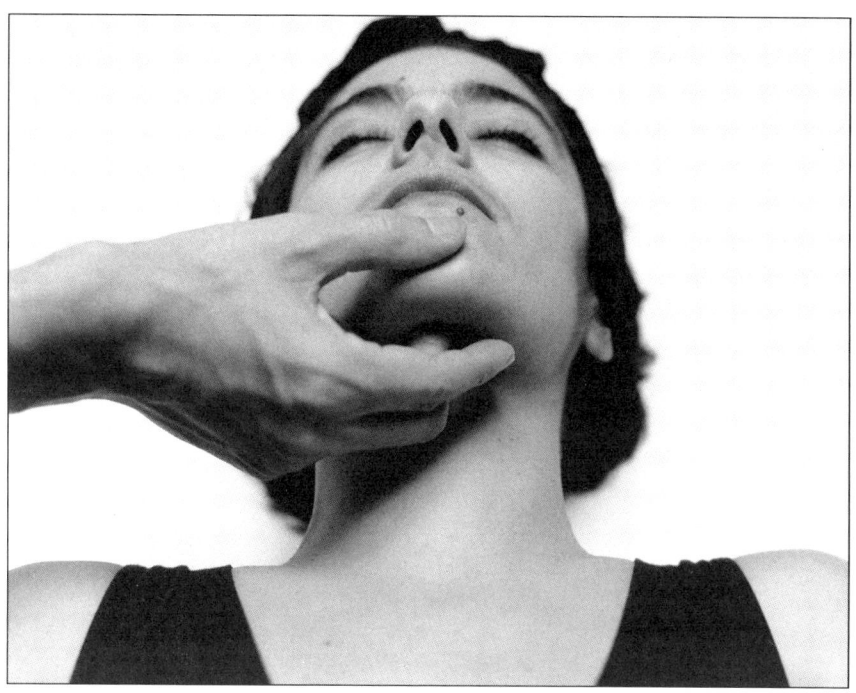

Auf diese Weise kommen wir an sehr feine Kontraktionen im Bereich des tiefen Zungenmuskels heran und können fühlen, wie subtil (aber nicht weniger wirksam) die Beeinträchtigungen im Bereich der Artikulation sein können. Machen wir die Probe aufs Exempel! Jede(r) möge einmal bei sich selbst den Zeige- oder Mittelfinger tief in den Mundboden stecken und dann versuchen etwas zu sagen. Was passiert? Natürlich werden die meisten beim Sprechen von innen gegen den Finger drücken! Aber haben Sie bemerkt, daß der Gegendruck (und das ist der Beweis für die Kontraktion des tiefen Zungenmuskels) bereits da war, noch bevor das Wort ausgesprochen wurde? Wenn das so war, sind die Prioritäten klar. *Kontraktion kommt vor Artikulation.* Aber muß das denn wirklich sein? Ist es denn nicht möglich, alltägliche Äußerungen wie »Würdest du mir bitte die Butter reichen?« zu tätigen, ohne daß sich dabei gleich irgendein Teil unseres Körpers verspannt?

Viele werden es zunächst als erschreckend und unangenehm empfinden, daß ihnen ein Finger in den Mundboden gesteckt wird. Daher empfehle ich, hier ebenfalls mit leichten Massagen zu beginnen, um dann erst etwas später, wenn sich unser Partner/unsere Partnerin daran gewöhnt hat, den

Finger tiefer hineinzustecken. Die Aufgabe für unseren Partner/unsere Partnerin besteht nun darin, zu artikulieren (sprechen oder singen), ohne dabei von innen gegen unseren Finger zu drücken. Keine kleine Angelegenheit! Hier hilft es, wenn er/sie sich ganz auf Atem und Stimme (im Sinne der Urübung) bezieht und die anderen Dinge möglichst geschehen läßt. Diese Übung sollte nicht länger als fünf Minuten gemacht werden. Ihre Wirkung ist sehr nachhaltig und wird auf Dauer die gesamte stimmlich-sprachliche Artikulationsfähigkeit verbessern, einfach weil ein entspannter und flexibler Muskel (die Zunge) mehr zu leisten (besser zu artikulieren) imstande ist als ein kontrahierter und verspannter.

Kommen wir nun zur Halsregion. Der Hals ist gewissermaßen das Schleusentor für die Stimme auf ihrem Weg nach außen. Alles, was im Körper bisher mobilisiert wurde, kann nicht wirklich nach außen dringen, wenn der Hals nicht durchlässig gemacht wird. Art und Weise sowie Ursachen für Panzerungen in diesem Bereich habe ich bereits ausführlich erklärt (siehe Seite 40). Hier können wir die Muskelpartien links und rechts vom Kehlkopf massieren beziehungsweise nach hinten zum Nacken hin ausstreichen.

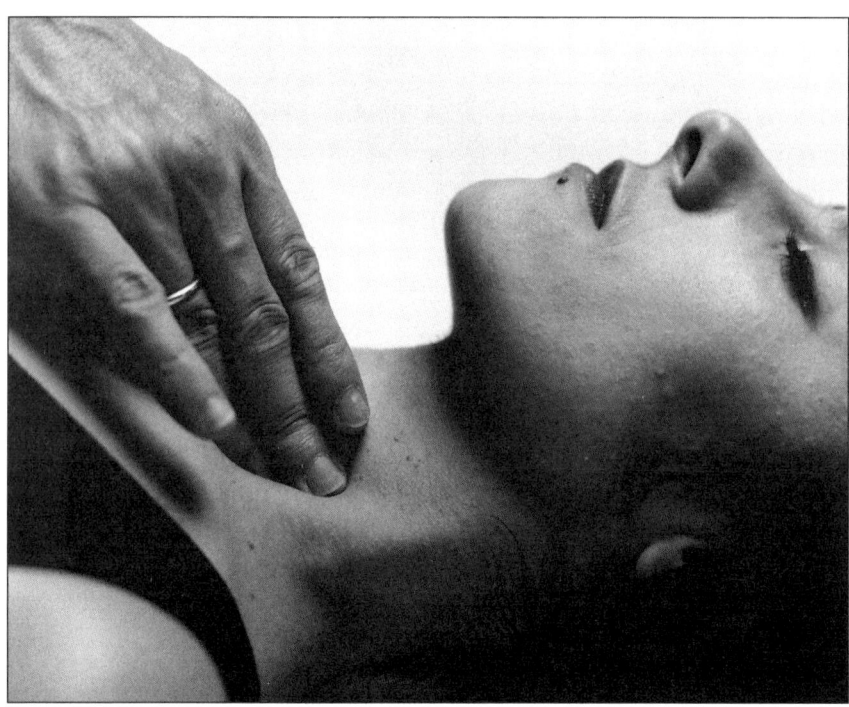

Es handelt sich hier oft um Muskeln, die sich aufgrund einer schlechten Kopfhaltung (z. B. Kopf nach vorn schieben) herausgebildet haben, eigentlich aber hinten sein sollten. Wenn der Kopf sozusagen von vorn gehalten werden muß, verkümmern die ursprünglich dafür bestimmten Muskeln im Bereich des Nackens. In der Folge bilden sie sich am vorderen Halsbereich verstärkt (der Kopf muß ja nun von vorn gestützt werden) und behindern die Durchlässigkeit des Halses. Versuchen wir also, diese Muskeln allmählich wieder an ihren Platz zu bringen.

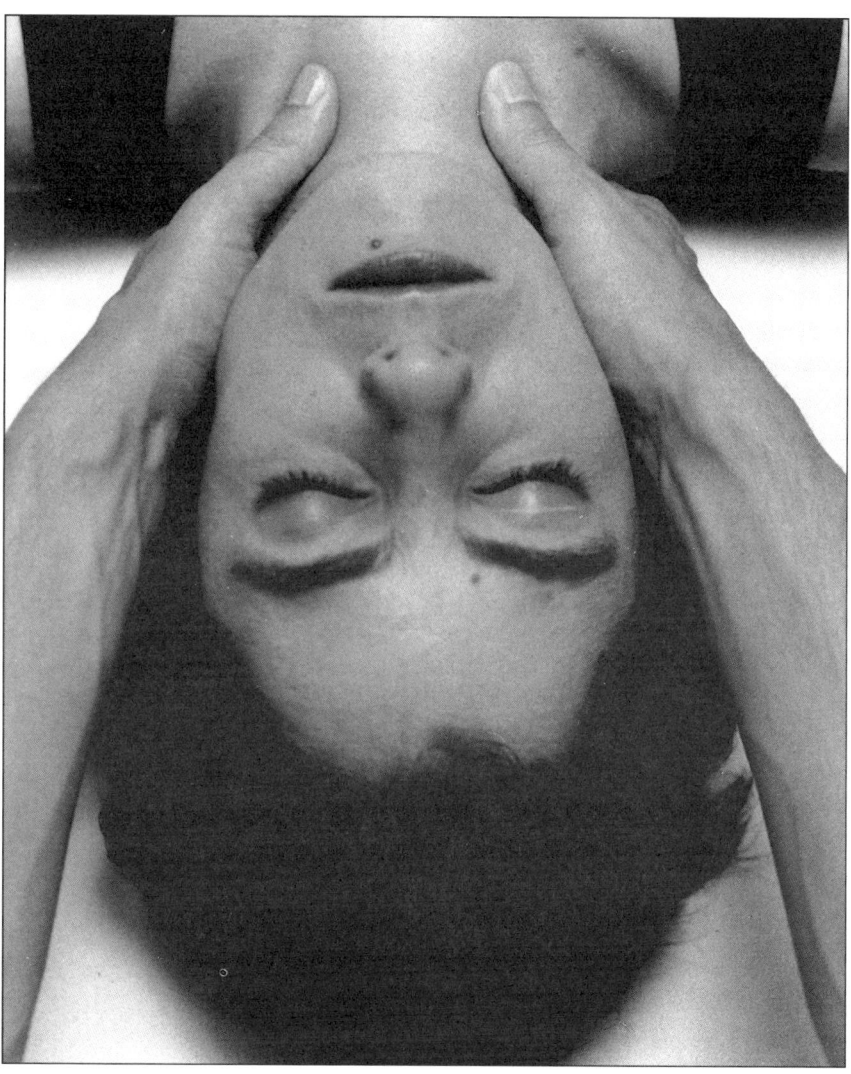

Besonders bedürftig, wenn hart, sind die Ansatzstellen dieser Muskeln. Diese liegen an der Halswurzel, also eigentlich hinter den Schlüsselbeinen. Wir können hier mit den Daumen (auch durchaus tiefer) hineinmassieren.

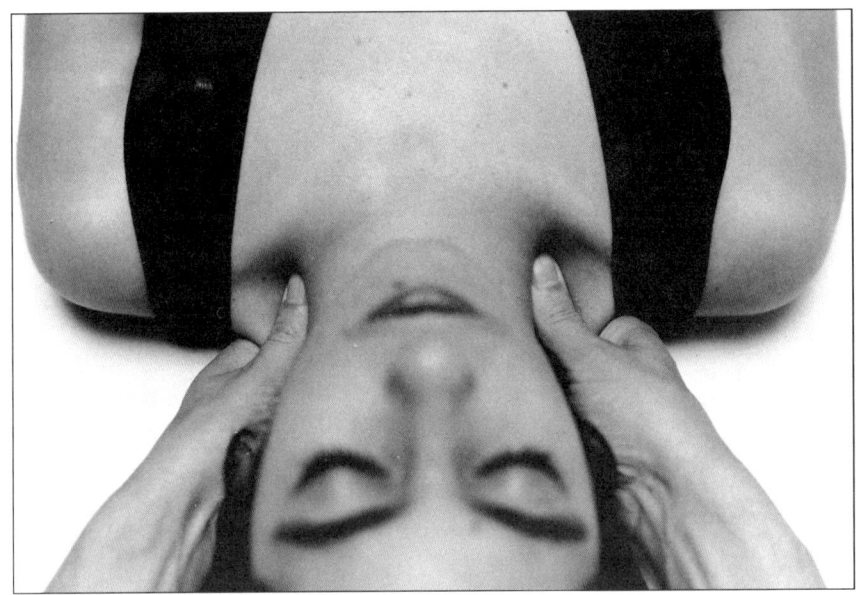

Anschließend beginnt die Feinarbeit. Wir beginnen, mit den Fingerspitzen den Hals unseres Partners/unserer Partnerin ganz zart zu streicheln, und zwar von den Ansatzstellen des Halses bis hinauf zum Kinn. Wir markieren so gewissermaßen den Weg des Atems und der Stimme nach außen. Durch das Streicheln wird der Halsbereich sehr stark sensibilisiert, und unser Partner/unsere Partnerin wird mit der Zeit in Atem und Stimme mit unserer Zärtlichkeit korrespondieren. Diese Zartheit und Weichheit in der Atem- und Stimmführung bewirkt bei unserem Partner/unserer Partnerin eine große Zärtlichkeit mit sich selbst, denn Atem und Stimme streicheln die Kehle von innen. Diese Art des Umgangs mit Atem und Stimme (und sich selbst) ist eine der effizientesten Methoden, um Problemen mit der Stimme vorzubeugen. Der Stimmansatz wird hier so weich und behutsam, so gesundmachend, wie es sonst durch keine andere Übung gewährleistet ist.

Die letzte Übung in diesem Gesamtkomplex beschäftigt sich mit dem Kiefer. Der Kopf wird zunächst noch einmal gehoben, und die Rechtshänder unter uns legen ihr rechtes ausgestrecktes Bein unter den Nacken ihres Partners/ihrer Partnerin, so daß der Kopf auf ihrem Oberschenkel zu liegen kommt. Linkshänder bitte umgekehrt. Anschließend wird der Partner oder die Partnerin so über das Bein gezogen, daß der Kopf abwärts hängt (zwischen unseren gegrätschten Beinen), jedoch nicht auf dem Boden aufliegt. In dieser Position ist das Kinn exponiert. Legen wir nun den ausgestreckten Daumen über das Kinn (in die Mulde unterhalb der Unterlippe)

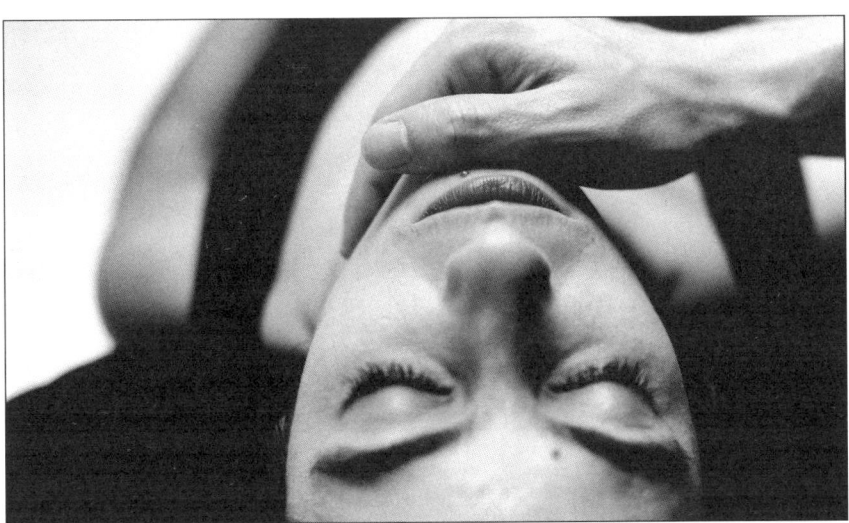

und versuchen wir, den Kiefer zum Nachlassen zu bringen, so daß sich der Mund weiter öffnen läßt. Unser Partner/unsere Partnerin wird sozusagen aufgefordert, seinen/ihren Willen des Öffnens und Schließens des Mundes in unsere Hände zu legen. Versuchen wir mit der Zeit, seinen/ihren Mund sehr weit zu öffnen und auch wieder zu schließen und ihn/sie immer wieder dazu zu bringen, im Kiefer nachzulassen. Daß das sehr schwer sein kann, brauche ich wohl nicht zu betonen. Zwischendurch ist es gut, die Muskelpartien unterhalb der Kiefergelenke zu massieren, bevor man erneut versucht den Kiefer zu öffnen. Es ist wichtig, daß der Kiefer nicht seitlich verschoben, sondern lediglich geöffnet und geschlossen wird. Auch sollte man nicht mit aller Gewalt am Kiefer reißen, denn das ist wenig effektiv. Unser Partner/unsere Partnerin soll ja zur freiwilligen Aufgabe des Willens gebracht und nicht dazu gezwungen werden (letzteres wäre auch nur sehr schwer möglich, denn im Kiefer sitzt eine unglaubliche Kraft, ein Überlebenswille, der aus dem Saugreflex hervorgegangen ist). Diese Übung sollte auch nicht länger als fünf Minuten gemacht werden, da sonst übermäßige Ermüdungserscheinungen im Kieferbereich auftreten können, was zur Folge hat, daß man den Mund erst einmal nicht mehr richtig öffnen kann.

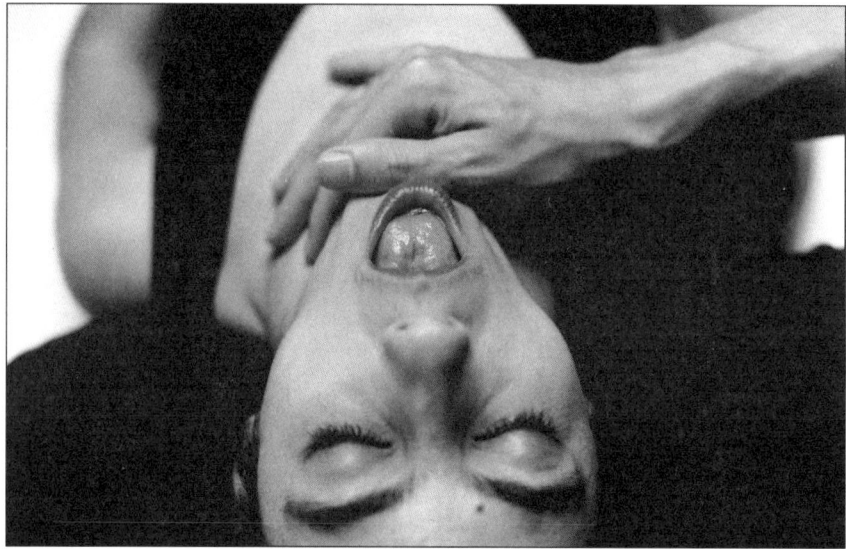

Wichtig ist, daß unsere Partner/Partnerinnen ihren Atemfluß niemals unterbrechen. Wenn sie singen, können sie das selbst bei sehr weit geöffnetem

Mund immer weiterführen. Auch hier hören wir, daß die Stimme bei gut geöffnetem Munde von weiter unten zu kommen scheint; sie wird viel profunder. Außerdem reicht die Einatmung bei weit geöffnetem Munde viel tiefer ins Becken hinunter, was man leicht während der Übung beobachten kann.

Das Öffnen des Beckens

Das Öffnen des Beckens bedeutet gewissermaßen die Aufgabe der letzten Tabus. Wie bereits erwähnt, kommen wir hier tief in den Bereich von Sinnlichkeit, Sexualität und Lust, also in eine gesellschaftlich stark tabuisierte Zone. Es ist daher nicht leicht, sich den massierenden Händen einer vielleicht nicht besonders vertrauten Person hinzugeben und dadurch möglicherweise in der eigenen Sinnlichkeit angeregt zu werden. Versuchen wir jedoch einmal die andere Seite zu sehen: Über die Hingabe an die massierenden Hände entsteht in der Regel Vertrauen, eine Form der Beziehung und des sinnlichen Einverständnisses.

Unser Partner/unsere Partnerin liegt auf dem Rücken, und wir beginnen mit dem Öffnen des Beckens über die Beine, indem wir zunächst Waden und Oberschenkel massieren.

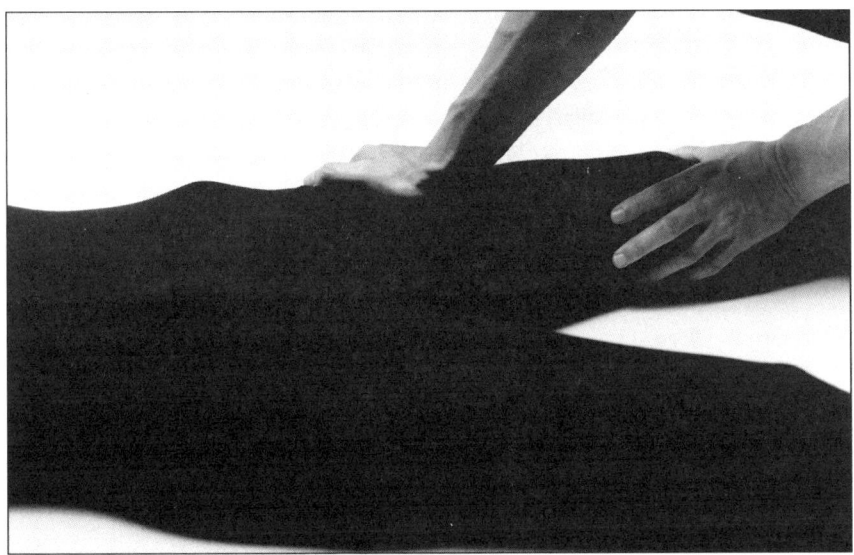

Danach können die Beine aufgestellt werden, und zwar so, daß sowohl die am Boden aufgestellten Füße als auch die Knie zusammenkommen. Wir halten die Füße des Partners/der Partnerin mit unseren Knien und seine/ihre Knie mit unseren Händen. Nun können wir abwechselnd eine Hand von einem Knie nehmen. Das angewinkelte Bein sollte nun nach außen klappen. Geschieht das nicht, ist das ein Hinweis darauf, daß er/sie im Becken festhält. Bitten wir ihn/sie also, mehr loszulassen. Es können auch beide Beine gleichzeitig losgelassen werden. Klappen sie nach außen?

Anschließend führen wir die Beine wieder zusammen und drücken die Knie langsam zur Brust. Auch hier ist wieder ein gutes Nachlassen im Becken erforderlich, damit die Knie ganz zur Brust geführt werden können. Es können möglicherweise Schmerzen im Bereich der Hüfte entstehen, die ein Hinweis für Beckensperren sind. Es ist eine gute Übung, das alles geschehenzulassen und dabei zu singen. Wenn man die gesamte Aufmerksamkeit auf das Singen verlagert, wird man feststellen können, daß die körperlichen Belange (etwa Schmerz) viel weniger vereinnahmend sind und daß die Nachgiebigkeit des Körpers wesentlich größer wird.

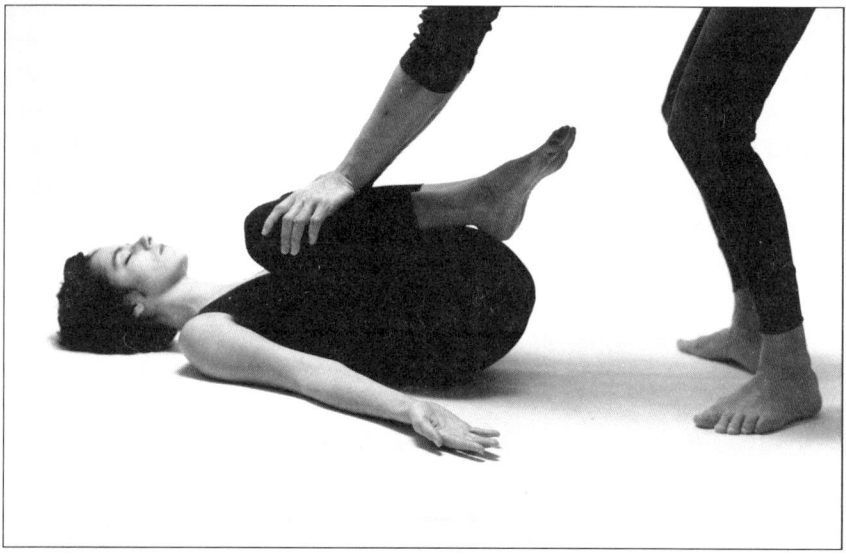

Anschließend nehmen wir die Unterschenkel des Partners/der Partnerin zwischen unsere Oberschenkel und greifen mit unseren Unterarmen an den Kniekehlen vollständig unter den Beinen hindurch. Wir ziehen den Partner/die Partnerin vom Boden hoch und stützen uns dabei mit unseren

Ellbogen über unseren Knien ab. Nun können wir uns auf die Füße des Partners/der Partnerin setzen. Durch die Hebelwirkung kostet uns das Hochziehen des anderen Körpers nicht so viel Kraft, und der Partner/die Partnerin kann sich entspannt hängenlassen. Nun schwingen wir die Körpermitte des anderen leicht hin und her.

Wir legen den Partner/die Partnerin wieder ab, fassen ihn/sie in der Taille und ziehen ihn/sie vom Boden weg. Wenn möglich, bleiben wir in dieser Position und schütteln seinen/ihren Körper ein wenig durch (man hört die Auswirkungen dieser Übung beim Singen ganz deutlich).

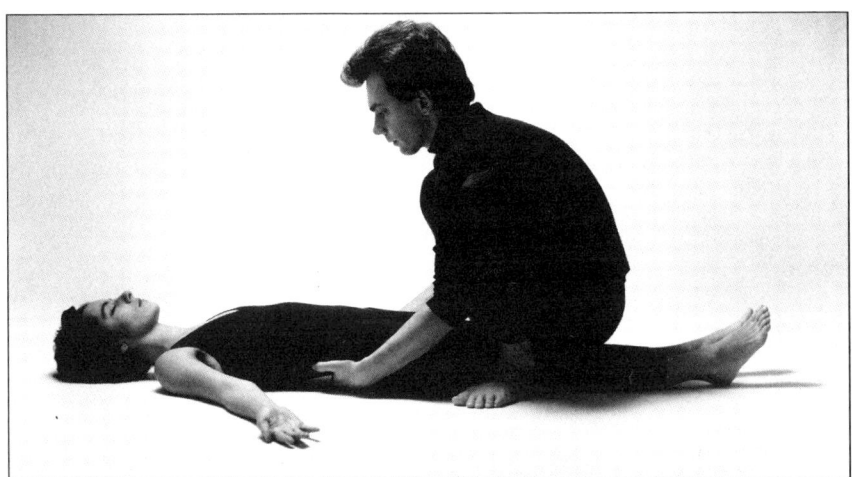

Wir legen die Arme des Partners/der Partnerin nach oben, fassen ihn/sie an einem Hüftknochen und drehen den Körper auf den Bauch. Auch in dieser Lage können die Oberschenkel massiert werden (eventuell mit den Fäusten).

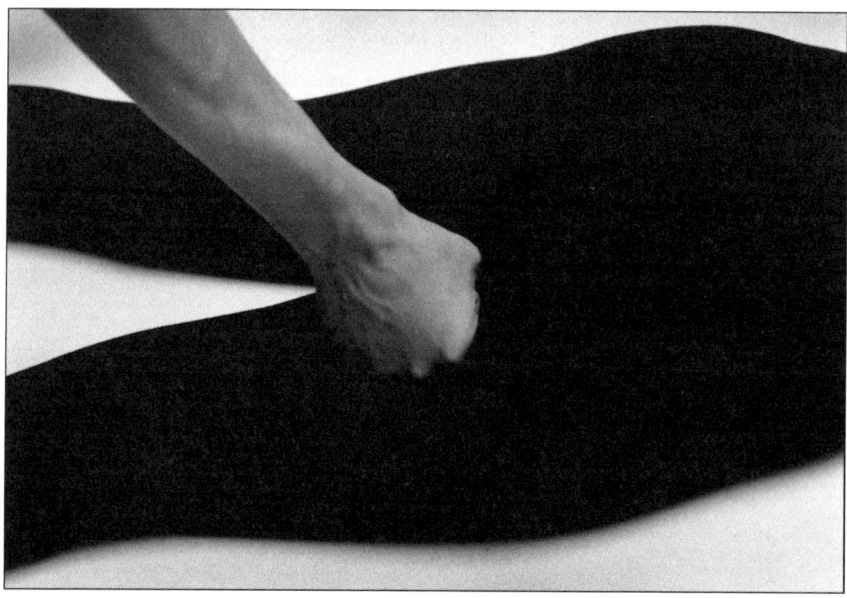

Dann winkeln wir die Beine des Partners/der Partnerin seitlich an und führen die Fersen in Richtung Becken. Auch hier sollten die Fersen mit der Zeit ganz an den Hintern herangebracht werden können.

Jetzt fassen wir beide Hüftknochen, ziehen den Partner/die Partnerin hoch und schütteln wieder leicht aus.

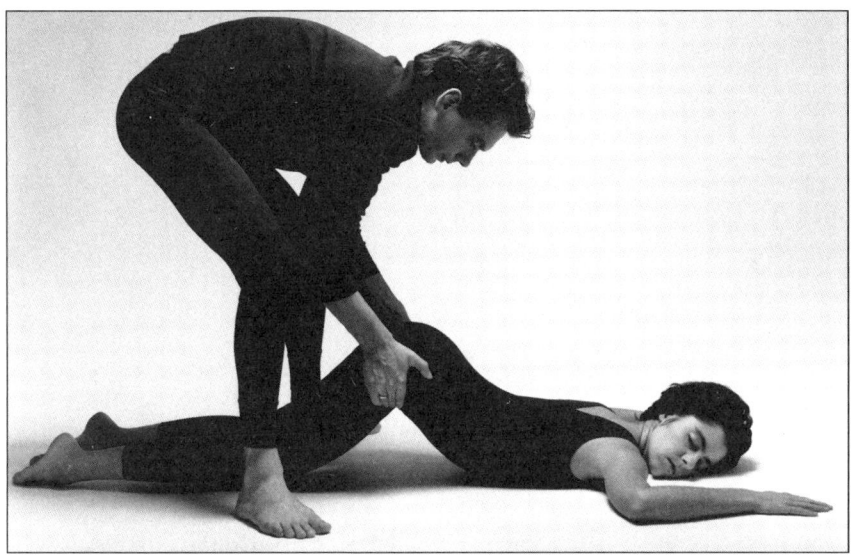

Zum Schluß massieren wir den Hintern.

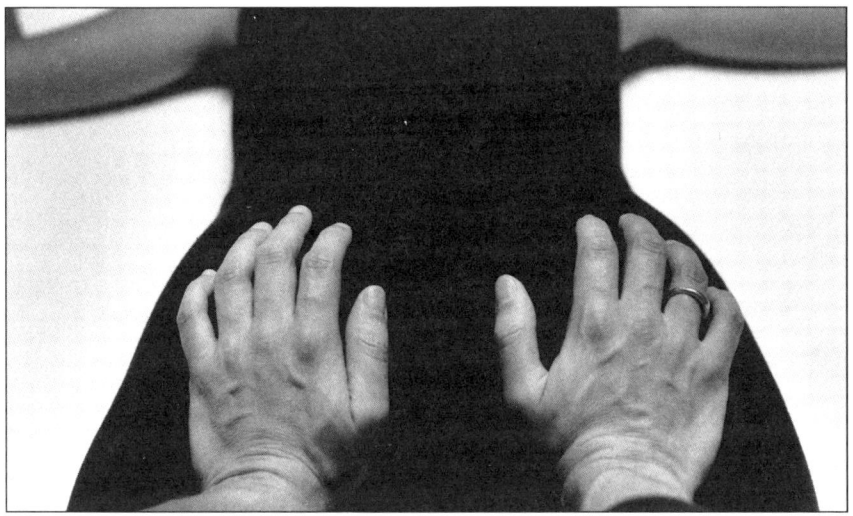

Entweder lassen wir die ziemlich entspannte »Masse« Partner/Partnerin in dieser Position liegen oder wir drehen sie wieder auf den Rücken. Abstreichen nicht vergessen! Beide Partner können sich nun aufeinanderlegen und in dieser Position eine Weile völlig entspannt und hingegeben liegenbleiben.

Die Atem-Körper-Koordinationsübungen

in memoriam Prof. Hilde Langer-Rühl († 1990)

Die nun folgenden Atem-Körper-Koordinationsübungen stellen zusammen mit den Körpermassagen zum Öffnen der Resonanzräume den wesentlichen Teil der Körperarbeit dar. Wie bereits erwähnt, muß der Körper in der Lage sein, die gesamte für das Singen notwendige Arbeit zu leisten. Dazu wäre er auch grundsätzlich gern bereit, gäbe es nicht bestimmte Faktoren, die ihn in seiner gesunden physischen Funktionalität und somit Leistungsfähigkeit einschränken. Ich habe im Kapitel über die Körperpanzerungen die Wirkungsweise von Blockaden und die daraus resultierenden Einschränkungen der Resonanzfähigkeit ausführlich beschrieben. Wurde der Körper durch die Massagen erst einmal weich, durchlässig und schwingungsfähig gemacht, so machen ihn die Atem-Körper-Koordinationsübungen erstaunlich leistungsfähig, was sich für das Singen als überaus hilfreich erwiesen hat. Diese Übungsreihe eröffnet außerdem die Möglichkeit, das tägliche Pensum an Körperarbeit allein durchzuführen. Man ist also nicht, wie bei den Körpermassagen, auf einen Partner angewiesen.

Die Reihe enthält Übungen im Stehen, Liegen und Sitzen. Bei der Durchführung der Übungen kommt es besonders darauf an, daß man der Atemführung seine ganze Aufmerksamkeit schenkt.

Die Effizienz des Übungsprogramms ist nämlich in erster Linie von einer vollständigen Atem-Körper-Koordination abhängig. Es sollen also bestimmte Bewegungsabläufe mit unbedingter Atemkoordination durchgeführt werden, da sie andernfalls nicht zu den gewünschten Ergebnissen führen. Genau dieses Erfordernis läßt die Übungen unter Umständen recht schwierig erscheinen. Ich habe in meinen Seminaren immer wieder die Erfahrung gemacht, daß die Teilnehmer, nachdem wir die Übungsreihe etwa eineinhalb Stunden lang praktiziert hatten, nicht mehr in der Lage waren, auch nur ein Bein zu heben. Darüber hinaus bestand immer wieder die Tendenz, die Übungen mit nur halber Aufmerksamkeit durchzuführen.

124

Ich möchte jedoch nochmals darauf hinweisen, daß es überaus wichtig ist, die Übungen sehr genau zu nehmen (schließlich schaut ja niemand zu!) oder sie ansonsten besser nicht zu machen, da sie mehr oder weniger nutzlos sind, wenn sie ungenau gemacht werden.

Wie bereits erwähnt, sind Atemzyklus und Bewegungsablauf vollständig miteinander zu koordinieren. Konkret bedeutet das, daß etwa die Ausatmung nicht vor einer spezifischen Bewegung abgeschlossen ist, sondern exakt in dem Moment, wo beispielsweise der Arm wieder den Körper (seinen Ausgangspunkt) erreicht. Es soll jeweils durch den Mund aus- und durch die Nase (bei geschlossenem Mund) eingeatmet werden. Das Schließen des Mundes beim Einatmen gewährleistet einen Moment der Entspannung für das Zwerchfell. Das Ausatmen geht also nicht direkt in ein aktives Einatmen über, sondern es bleibt Zeit für den Einatmungsreflex des Zwerchfells. Dieses passive Ansaugen der Luft durch den Körper (das Zwerchfell) ermöglicht das Trainieren und später Automatisieren eines musikalisch sehr wesentlichen Momentes, nämlich der Pause. Die Pause eröffnet die Möglichkeit der Erneuerung des musikalischen Organismus, die Rückbeziehung auf sich selbst, und der Körper muß an das Loslassen inmitten von Aktivität gewöhnt werden.

Die Übungen geben uns ferner eine einzigartige Möglichkeit, die Bewegungen des Zwerchfells selbst zu kontrollieren. Obwohl das Zwerchfell der größte Muskel des Körpers ist, haben wir normalerweise keinen Einfluß auf seine Elastizität. Es gibt jedoch einen Zusammenhang zwischen der Gleichmäßigkeit der Atemführung und der Gleichmäßigkeit spezifischer Körperbewegungen. Unregelmäßigkeiten in der Atemführung (und damit der Zwerchfellbewegung) werden wir nicht unbedingt wahrnehmen können. Was wir jedoch sicherlich wahrnehmen werden, sind Unregelmäßigkeiten in unseren körperlichen Bewegungsabläufen. Wenn ich also beispielsweise mit meinem nach oben gestreckten Arm einen Halbkreis abwärts zum Körper hin (bei gleichzeitigem Ausatmen) beschreiben möchte, so werden durch die eventuellen Sprünge im Bewegungsablauf auch die Zwerchfellsprünge und damit die Unregelmäßigkeiten in der Atemführung deutlich. Konzentriere ich mich nun auf eine regelmäßige Atemführung, so wird das nur zu einer noch größeren körperlichen Anspannung (Hals-Kehlbereich oder direkte Zwerchfellkontraktion) führen. Der Atem wird also noch unregelmäßiger. Richte ich meine Aufmerksamkeit jedoch auf einen gleichmäßigen Bewegungsablauf, so wird sich die Zwerchfellbewegung automatisch anpassen, und die Atemführung wird dadurch gleichmäßiger werden. Ich habe hier also eine Möglichkeit, auf den für eine gleichmäßige Atemführung notwendigen gleichmäßigen Bewegungsablauf des Zwerchfells gezielt einzuwirken.

Ein weiterer Vorteil dieser Übungsreihe besteht im Ausrichten der Wirbelsäule. Die meisten Ärzte gehen heute davon aus, daß Wirbelsäulendeformationen irreparabel sind und sich die Betroffenen irgendwie damit abzufinden haben, daß sie nicht mehr so ganz funktionsfähig sind. Leider finden sich viele damit ab! Frau Professor Langer-Rühl hat in ihrer Arbeit bewiesen, daß diese Auffassung nicht richtig ist. Hierzu folgendes Ereignis: Ein Flötist kam zu ihr in der Sorge, seinen Beruf aufgeben zu müssen, da er eine extreme Verschlechterung seiner Atemtechnik bemerkt hatte und sich eigentlich nicht erklären konnte, wie es dazu kam. Also wurden Röntgenaufnahmen von seiner Wirbelsäule gemacht, und sehr schnell stellte sich heraus, daß der junge Mann sich einen seitlichen Knick im Bereich der Halswirbelsäule eingehandelt hatte. Wenn man sich vorstellt, daß tägliches stundenlanges Flötespielen in einer nicht optimalen Haltung und ohne entsprechende Ausgleichsübungen einen derartig großen Schaden anrichten kann, sollte man sich eigentlich fragen, welcher Berufsmusiker heute noch gesund ist. Der Mensch ist aufgrund von zu starker einseitiger Beanspruchung in seiner körperlichen Flexibilität und Leistungsfähigkeit extrem eingeschränkt. Besagter Flötist begann mit den Übungen und führte sie konsequent über einen längeren Zeitraum hinweg durch (er macht sie übrigens heute noch, da er in seinem Flötenspiel enorm davon profitiert). Nach etwa zwei Jahren wurden erneut Aufnahmen von seiner Wirbelsäule gemacht. Von einer Deformation war nichts mehr zu sehen. Die Wirbelsäule hatte sich im Hals-Nackenbereich ausrichten lassen, der Fluß des Atems war nicht mehr behindert, und sein Spiel hatte wieder an Qualität gewonnen.

Wenden wir uns nun den Übungen selbst zu. Es handelt sich hier gewissermaßen um ein Basisprogramm, mit dem natürlich kreativ umgegangen werden kann. Frau Langer-Rühl entwickelte beispielsweise ständig neue Übungen, und zwar aus der Notwendigkeit heraus, für bestimmte Probleme entsprechende Lösungen zu finden. Jedoch empfehle ich, es zunächst mit dem Basisprogramm genug sein zu lassen, denn es ist umfangreich genug. Später können dann Variationen bestehender Übungsabläufe oder gänzlich neue Übungen integriert werden. Die Übungen können ferner beliebig kombiniert werden, wenn man sich zum Beispiel ein individuelles Übungsprogramm für einen längeren Zeitraum zusammenstellen möchte. Die Erfahrung hat gezeigt, daß besonders schwierige Übungen für die Stärkung des Körpers besonders notwendig sind. Also nicht mogeln und die anstrengenden Bewegungsabläufe übergehen! Jeder einzelne Bewegungsablauf kann drei- bis fünfmal gemacht werden. In der Regel ist das ausreichend, wenn dabei die gesamte Konzentration auf eine optimale Ausführung gerichtet ist. Alle Bewegungen sollten langsam und gleichmäßig durchgeführt werden. Sind einzelne Übungen sehr anstrengend und erschweren daher die Konzentration, empfehle ich, zwischen den Abläufen eine kurze Pause einzulegen. Die Bewegungen selbst immer bis an die Grenzen führen, also nicht überdehnen, aber auch nicht vorher aufhören. Im Laufe der Zeit werden sich die Grenzen erweitern, und Übungen, die vielleicht anfangs als ziemlich schwierig oder gar undurchführbar empfunden wurden, werden plötzlich leicht gehen. Das ist ein deutliches Zeichen für eine verbesserte körperliche Kondition, die sich auch in einer gesteigerten Leistungsfähigkeit beim Singen bemerkbar macht.

Übungen stehend

Wir finden einen guten Stand, indem wir die Knie nicht durchdrücken, das Becken leicht nach vorn kippen und den Kopf in einer neutralen, aufrechten Position halten. Jetzt ist die Wirbelsäule gerade. Dies ist unsere Ausgangsposition.

Stellen wir uns nun etwa auf der Höhe der Ohrläppchen zwei gerade nach vorn führende Linien vor. Wir bewegen den Kopf mit dem Ausatmen (durch den Mund) sehr gleichmäßig (ohne Sprünge) auf dieser gedachten Schiene soweit wie möglich nach vorn. Das Gesicht dabei in der Vertikalen halten! Das Ausatmen wird in dem Augenblick beendet, in dem vorn der absolute Bewegungsendpunkt erreicht ist.

Nun den Mund schließen und die Bewegung auf der gedachten Schiene ebenso gleichmäßig mit dem Einatmen (durch die Nase) wieder nach hinten führen. Das Einatmen wird in dem Augenblick beendet, wo hinten der absolute Bewegungsendpunkt erreicht ist. Es ist darauf zu achten, daß der Kopf nicht gekippt wird (das Gesicht immer gerade halten). So werden Deformationen (Löcher und herausstehende Wirbel) im Bereich der Halswirbelsäule ausgeglichen.

128

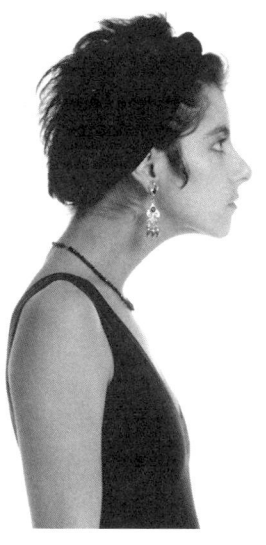

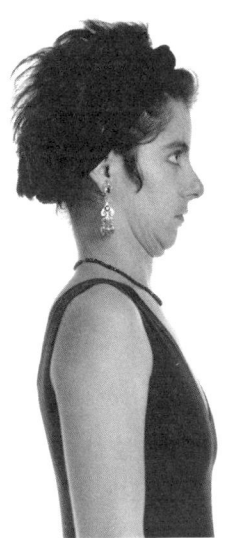

Schulterkreisen: Mit dem Einatmen bewegt sich eine Schulter im Halbkreis nach vorn und oben. Zum Ende des Einatmens erreicht sie den höchsten Punkt. Den Kopf dabei gerade halten. Mit dem Ausatmen die Schulter zuerst soweit als möglich nach hinten (kann eventuell schmerzhaft sein) und anschließend im Halbkreis abwärts führen. Zum Ende des Ausatmens erreicht die Schulter ihren tiefsten Bewegungspunkt. Einige Kreisbewegungen hintereinander und ohne Unterbrechungen durchführen.

Wir gehen zurück in die Ausgangsposition und halten die Hände hinter dem Rücken, wobei wir den Kopf gerade und aufrecht halten. Mit dem Einatmen führen wir die gestreckten Arme so weit als möglich nach oben. Gleichzeitig lassen wir den Kopf nach hinten kippen. Arme und Kopf erreichen ihren Bewegungsendpunkt gleichzeitig zum Ende des Einatmens. Auf diese Weise wird der Brustraum geöffnet und die Muskulatur zwischen den Schulterblättern (Brust-Rückenpanzer) wird massiert. Darauf achten, daß das Becken in seiner Position bleibt, also nicht ins Hohlkreuz gehen! Da der Kopf eine kürzere Strecke zurücklegt als die Arme, ist hier besonders auf eine entsprechende Koordination zu achten. Mit dem Ausatmen werden die Arme wieder in ihre Ausgangsstellung gebracht, und der Kopf wird wieder hinaufgeführt. Kopf und Arme erreichen im selben Augenblick ihre Ausgangsposition, und zwar exakt zum Ende des Ausatmens.

Aus der Ausgangsposition wird mit dem Einatmen ein Arm langsam vor dem Körper hinaufgeführt. Zum Ende des Einatmens ist der Arm nach oben gestreckt und die Hand nach außen gedreht. Nun durch eine sehr kleine Mundöffnung (auf *f*) den Atem ausströmen lassen und dabei den gestreckten Arm langsam und gleichmäßig abwärts führen. (Der Begriff »langsam« kann individuell verschieden aufgefaßt werden. Primär geht es um die Koordination von Atem und Körperbewegung. Im Laufe der Zeit kann die Bewegung weiter verlangsamt werden. Dadurch ergibt sich eine Verlängerung des Atems etwa für die Phrasierung und größere Ökonomie in der Atemführung.) Mit dem Ende des Ausatmens kommt der Arm am Körper an. Während der Arm sich langsam abwärts bewegt, ist darauf zu achten, daß keine Bewegungssprünge entstehen, denn Sprünge in der Arm-bewegung bedeuten Sprünge in der Bewegung des Zwerchfells. Übung zweimal mit dem rechten und zweimal mit dem linken Arm durchführen.

Anschließend den kompletten Bewegungsablauf mit beiden Armen gleichzeitig ausführen. Beim Abwärtsführen der Arme ist darauf zu achten, daß beide Arme in der Bewegung immer gleich weit sind. Sie kommen auch im selben Moment wieder am Körper an.

Nun lassen wir das Becken in großen Kreisen schwingen. Mit dem vorderen Halbkreis (Richtung ist egal) atmen wir aus (auspusten). Ist das Ende des Halbkreises erreicht und somit die Ausatmung abgeschlossen, schließen wir den Mund. Die Schwingung im Halbkreis nach hinten sorgt automatisch dafür, daß der Körper die Luft von selbst ansaugen kann. So wird der Einatmungsreflex gefördert. Nach einigen Schwingungen (ca. zehnmal) machen wir das gleiche auch in die andere Richtung.

Nun lassen wir den Oberkörper mit dem Ausatmen nach vorn hängen. Auch der Kopf sollte dabei entspannt hängen können. Nach einer Weile richten wir die Wirbelsäule mit einer Einatmung Wirbel für Wirbel von unten nach oben wieder auf, wobei der Kopf bis zum Schluß hängen soll. Zum Ende der Einatmung erreicht der Körper wieder seine Ausgangsposition. Das ganze noch einmal.

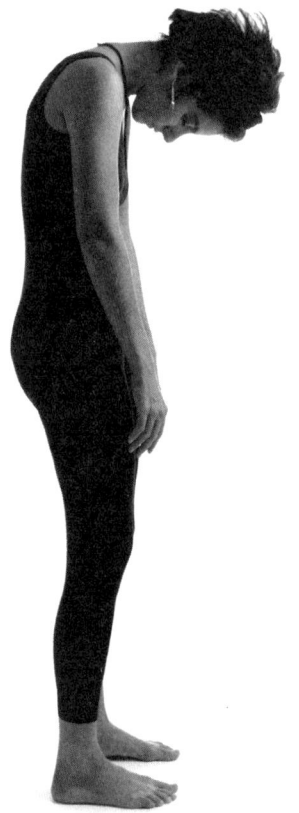

Aus der Ausgangsposition ziehen wir ein Knie mit dem Einatmen in Richtung Brust. Zum Ende des Einatmens erreicht das Knie den höchsten Punkt. Mit dem Ausatmen strecken wir zuerst das Bein aus und beschreiben dann von dieser Position ausgehend einen Halbkreis nach hinten, um schließlich zum Ende des Ausatmens wieder die Ausgangsposition zu erreichen. Kurze Pause machen! Bei der Kreisbewegung ist darauf zu achten, daß das Bein möglichst weit oben gehalten wird (es wird unter Umständen im Hüftgelenk schmerzen). Diese Übung führt möglicherweise zu erheblichen Schwierigkeiten mit der Balance. Dann kann entweder das Standbein etwas weiter eingeknickt werden, oder man fixiert mit den Augen einen Punkt am Boden. Sollte beides nichts nützen, so schadet es nicht, sich irgendwo festzuhalten.

Mit dem Einatmen wird eine Hüfte sehr weit hinaufgezogen und dabei leicht nach vorn gedreht. Mit dem Ausatmen kehrt man wieder zurück in die Ausgangsposition.

Versuchen wir abschließend, mit dem Fuß Kreise zu ziehen, ohne daß sich dabei die Zehen bewegen. Die Bewegung kommt lediglich aus dem Fußgelenk. Beim Einatmen führt der Halbkreis hinauf, beim Ausatmen wieder hinunter. Wir achten darauf, daß wir keine Bewegungssprünge machen, und ziehen die Kreise zehnmal in die eine und zehnmal in die andere Richtung.

Wir legen uns auf den Rücken und strecken die Beine so über den Kopf, daß die Knie etwa neben den Ohren auf dem Boden zu liegen kommen. Die Arme können dabei entweder auch über den Kopf gestreckt werden, oder sie bleiben in der anderen Richtung flach am Boden liegen. Wir bleiben in dieser Position und entspannen (klingt vielleicht etwas absurd, geht aber). Wir atmen weit in die Flanken hinauf ein, wodurch diese besonders aktiviert werden können. Der Atem kann bis in das Becken reichen. In normalem Rhythmus ein- und ausatmen.

Anschließend fassen wir unsere Beine und beginnen mit dem Ausatmen ganz langsam auf der Wirbelsäule abzurollen. Während nun Wirbel für Wirbel abgetastet wird, werden wir zu Punkten kommen, die uns Schmerzen bereiten. Hier machen sich herausstehende Wirbel bemerkbar, die über längere Zeiträume wieder hineinmassiert werden können! Dazu wippen wir langsam über den Schmerzpunkten hin und her, während wir gleichzeitig gut durchatmen. Mit dem Ausatmen wippen wir in Richtung Becken (abwärts), mit dem Einatmen in Richtung Kopf (zurück). Nach einigen Malen mit dem Ausatmen weiter bis zum nächsten Schmerzpunkt. Wieder wippen! Es kommt möglicherweise der Moment, wo man Gefahr läuft, nach unten zu plumpsen. Hier hilft ein gutes Festhalten an den eigenen Beinen. Wenn die Wirbelsäule wieder ganz am Boden liegt, lassen wir die Beine los und führen mit dem weiteren Ausatmen die Beine langsam zum Boden. Die Beine erreichen den Boden zum Ende des Ausatmens. Die gesamte Übung wiederholen!

Die Beine wieder über den Kopf legen (Knie zu den Ohren) und einen Moment entspannen. Nun mit dem Einatmen die Beine zum »Pflug« strecken (die hinteren Oberschenkelmuskeln werden gedehnt) und mit dem Ausatmen wieder etwas zurückgehen, wobei die Beine sich leicht anwinkeln. Mit dem Atemrhythmus entsteht eine leichte Schaukelbewegung. Nach einigen Dehnungen wieder in die Ausgangsposition zurückgehen, kurz pausieren (durchatmen), um dann, nach einer Einatmung, wieder langsam abrollend die Beine zum Boden zu führen. Kurze Pause.

Die Beine an den Körper heranziehen. Jede Hand faßt vor ein Knie, die Schultern liegen entspannt am Boden, der Kopf bleibt gerade. Mit dem Einatmen werden die Knie zur Brust gezogen, ohne daß die Schultern vom

Boden abheben oder der Kopf in den Nacken kommt. Das Ende des Einatmens bedeutet das Ende der Bewegung zur Brust hin. Mit der Zugbewegung hebt sich das Becken leicht vom Boden weg. Die Atmung ist gut in die Flanken hinunterzuführen. Mit dem Ausatmen werden die Knie wieder von der Brust weggeführt, und das Becken kommt wieder zum Boden. Das Ende des Ausatmens bedeutet das Ende der Bewegung in Richtung Boden. Durch diese Übung werden die Flanken aktiviert, das Becken wird geöffnet und der Lendenwirbelbereich gestärkt.

Radfahren: eine gleichmäßige Radfahrbewegung ausführen: rechts tretend ausatmen, links tretend einatmen; nach einer Weile innehalten und die Bewegung andersherum synchronisieren, also links tretend ausatmen und rechts tretend einatmen.

Nun stellen wir die Füße auf den Boden, die Beine sind angewinkelt, und das Kreuz ist an den Boden gedrückt (es soll keine Hand zwischen Kreuz und Boden passen). Mit dem Einatmen führen wir das Becken so weit wie möglich nach oben. Zum Ende des Einatmens wird der höchste Punkt erreicht. Mit dem Ausatmen kehren wir wieder in die Ausgangsposition zurück. Zum Ende des Ausatmens kommt das Becken wieder am Boden an (nicht ins Hohlkreuz gehen).

Variation: Mit dem Ausatmen einen Viertelkreis nach rechts beschreiben. Zum Ende des Ausatmens kommt das Becken rechts neben der Mittelachse zu liegen (ebenfalls nicht ins Hohlkreuz gehen). In dieser Position einige Male normal durchatmen. Anschließend mit dem Einatmen wieder die Viertelkreisbewegung hinauf machen und mit dem Ausatmen den Viertelkreis nach links hinunterführen. In dieser Position ebenfalls einige Male normal durchatmen. Mit der nächsten Einatmung wieder hinaufgehen und mit der Ausatmung nach rechts hinunter. Beim nächsten Einatmen hinauf und oben ausatmen. Mit der folgenden Einatmung das Becken langsam wieder abwärts in die Ausgangsposition zurückführen. Mit dem Ende der Einatmung erreicht das Becken den Boden. Ausatmen. Dabei wird die Wirbelsäule besonders im Lendenwirbelbereich trainiert. Beine wieder ausstrecken.

Ein Bein zum Körper heranführen und mit den Händen vor ein Knie fassen (Ausgangsposition). Mit der Einatmung wird dieses Knie soweit wie möglich in Richtung Brust gezogen. Mit dem Ausatmen wieder in die Ausgangsposition zurückgehen. Einige Male üben und anschließend das gleiche mit dem anderen Bein ausführen. Beine dann wieder am Boden ausstrecken.

Mit dem Einatmen die gestreckten Beine nach oben zur Mitte führen. Mit dem Ausatmen werden die gestreckten Beine langsam zur linken Seite geführt und dort mit dem Ende des Ausatmens am Boden abgelegt. In dieser Position einige Male normal durchatmen. Mit dem Einatmen die Beine wieder hinaufführen und mit der folgenden Ausatmung die Beine auf die rechte Seite hinunterführen, wo sie zum Ende der Ausatmung am Boden ankommen.

Wieder einige Male normal durchatmen. Die Übung kann beliebig oft wiederholt werden. Beim letzten Mal die gestreckten Beine mit der Einatmung hinauf und mit der Ausatmung wieder zum Boden zurückführen.

Variante: Mit dem Einatmen die gestreckten Beine nach oben zur Mitte führen. Anschließend ausatmen. Mit dem nächsten Einatmen werden die gestreckten Beine langsam zur linken Seite geführt und dort mit dem Ende des Einatmens am Boden abgelegt. In dieser Position einige Male normal durchatmen. Mit dem Einatmen die Beine wieder hinaufführen und oben wieder ausatmen. Mit der folgenden Einatmung die Beine auf die rechte Seite hinunterführen, wo sie zum Ende der Einatmung am Boden ankommen. Wieder einige Male normal durchatmen. Nun die Übung wiederholen. Beim letzten Mal die Beine mit der Einatmung hinaufführen, oben ausatmen und dann die gestreckten Beine mit der nächsten Einatmung wieder zum Boden zurückführen.

Mit der Einatmung die gestreckten Beine wieder zur Mitte hinaufführen. Mit der Ausatmung (hier ist es mehr ein Auspusten) die Beine nach außen zur Grätsche schwingen lassen. Mit der Einatmung (diese geschieht auch entsprechend schnell) schwingen die Beine wieder zur Mitte. Einige Male auf diese Weise atmend schwingen.

Anschließend die Beine etwas in Richtung Boden gehen lassen und den Schwingvorgang einige Male wiederholen. Die Beine wieder etwas weiter in Richtung Boden führen und den Schwingvorgang abermals wiederholen. Die Beine auf diese Weise mehr und mehr zum Boden gehen lassen, ohne dabei ins Hohlkreuz zu kommen. Es empfiehlt sich, das Schwingen in den oberen Bereichen nicht allzu oft auszuführen, denn sonst ist keine Energie mehr da für die unteren Bereiche, wenn also die Beine dem Boden schon näher sind. So wird dem Hohlkreuz auf die Dauer der Garaus gemacht. Beine ausstrecken und eine kurze Pause einlegen.

Variante: Mit der Einatmung die gestreckten Beine wieder zur Mitte hinaufführen und oben ausatmen. Mit der Einatmung (diese geschieht entsprechend schnell) die Beine nach außen zur Grätsche schwingen lassen. Mit der Ausatmung (hier ist es mehr ein Loslassen) schwingen die Beine wieder zur Mitte. Einige Male auf diese Weise atmend schwingen, dann die Beine entsprechend der vorher erwähnten Übung weiter abwärts führen. Wieder schwingen.

Mit der Einatmung die gestreckten Beine wieder zur Mitte hinaufführen. Nun mit dem Unterkörper (vom Becken abwärts) eine Pumpbewegung ausführen. Wenn die Beine in Richtung Kopf schwingen (Beine dabei immer gestreckt halten), auspusten. Beim Zurückschwingen der Beine in Richtung Boden saugt der Körper die Luft automatisch wieder an. Auf diese Art einige Male pumpen und die Beine anschließend langsam wieder am Boden ablegen. Ausruhen.

Beine mit dem Einatmen wieder an den Körper heranziehen. Werden nun die angezogenen Beine mit dem Ausatmen nach rechts hinuntergeführt, so geht der rechte Arm auf die linke Seite hinüber. Ebenso dreht sich der Kopf nach links hinüber. Alle Bereiche, also Beine, Arm(e) und Kopf, erreichen in ihrer Bewegung zusammen mit dem Ausatmen den Endpunkt. Einen Moment in dieser Position liegenbleiben und normal durchatmen.

Mit der folgenden Einatmung bewegen sich die Beine von rechts zur Mitte, während sich gleichzeitig beide Arme und der Kopf (Gesicht) von links zur Mitte hin bewegen. Beine, Arme und Kopf kommen mit dem Ende des Einatmens in der Mitte an. Mit der nächsten Ausatmung bewegen sich die Beine nach links, Arme und Kopf bewegen sich gleichzeitig nach rechts. Zum Ende des Ausatmens werden Arme und Beine am Boden abgelegt, und das Gesicht schaut soweit als möglich nach rechts. Einige Male wiederholen. Mit der letzten Einatmung gehen Arme und Beine wieder hinauf, der Kopf dreht zur Mitte. Die folgende Ausatmung bringt sowohl die Beine (Füße können aufgestellt werden) als auch die Arme wieder langsam zum Boden hinunter. Beine ausstrecken.

Mit der Einatmung das linke Bein anwinkeln und an den Körper heranziehen. Mit der Ausatmung das Bein nach rechts hinüberführen. Gleichzeitig bewegt sich der Kopf nach links. Zum Ende des Ausatmens kommt das Knie am Boden an, und der Kopf erreicht seine maximale Drehposition in die Gegenrichtung. Hierbei ist darauf zu achten, daß die Arme beziehungsweise die Schultern am Boden liegenbleiben, was die Übung zusätzlich erschwert. Sollte sich bei der Drehung nach rechts der linke Arm beziehungsweise die Schulter vom Boden heben, so kann dies durch Pendeln zwischen Arm und Knie (bei gutem Durchatmen) und Nachlassen im Schulterbereich ausgeglichen werden. Sowohl der Arm als auch das Knie sollten nach und nach ganz am Boden zu liegen kommen.

In dieser Position liegenbleiben und entspannen. Dabei gut in die linke Flanke hineinatmen. Anschließend mit der Einatmung das angewinkelte Bein und auch den Kopf wieder zur Mitte drehen. Zum Ende des Einatmens kommen beide in der Mitte an. Mit dem Ausatmen das Bein wieder ausstrecken.

Das ganze nun auch mit dem rechten Bein ausführen. Beim Einatmen das Bein an den Körper ziehen. Mit dem Ausatmen dreht das Bein nach links, während der Kopf nach rechts dreht. In der Position liegenbleiben und entspannen, gut in die rechte Flanke hineinatmen. Mit dem Einatmen wieder zur Mitte drehen und mit dem Ausatmen das Bein wieder ausstrekken.

Mit dem Einatmen das rechte Bein an den Körper ziehen. Nun soll das Knie eine horizontale Ellipse zeichnen. Mit dem Ausatmen zieht das Knie nach außen und abwärts, bis das Bein gestreckt ist. Mit dem Einatmen zieht das Knie nach innen und wieder hinauf in Richtung Brust. Hier besonders auf die Gleichmäßigkeit der Bewegung achten. Einige Male durchführen.

Anschließend die Bewegungsrichtung ändern. Mit dem Ausatmen zieht das Knie nach innen und abwärts, während es mit dem Einatmen nach außen und aufwärts geführt wird. Die jeweilige Bewegung auswärts ist wichtig. Hier kann es unter Umständen im Hüftgelenk knacken, was jedoch kein Grund zur Besorgnis ist. Einige Male durchführen. Das Bein anschließend wieder auf dem Boden ausstrecken.

Die Übung nun auch mit dem anderen Bein durchführen.

Das rechte Bein an den Körper ziehen und mit den Händen hinter die Kniekehle fassen. Nun mit dem Unterschenkel kreisen. Beim Einatmen ziehen Unterschenkel und Fuß nach außen und hinauf, beim Ausatmen nach innen und hinunter. Der Fuß sollte dabei ruhig und entspannt gehalten werden und keine Extrabewegungen ausführen.

Anschließend die Richtung ändern. Beim Einatmen zieht der Unterschenkel nach innen und hinauf, beim Ausatmen nach außen und hinunter. Es ist ein großer Kreis zu ziehen. Das bedeutet, daß die Bewegung zur Seite auch maximal auszuführen ist.

Dasselbe mit dem anderen Bein.

Der Körper liegt ausgestreckt (Arme nach oben). Beim Einatmen gehen das linke Bein und der rechte Arm diagonal soweit als möglich hinauf. Beide erreichen gleichzeitig zum Ende des Einatmens ihren Bewegungsendpunkt. Mit dem Ausatmen gehen beide wieder hinunter und erreichen zum Ende des Ausatmens gleichzeitig den Boden.

Anschließend wird die Übung mit dem rechten Bein und dem linken Arm durchgeführt und einige Male abwechselnd wiederholt.

Nun mit einer Einatmung auf die linke Seite drehen. Ausatmen.

Mit der Einatmung heben sich rechtes Bein und rechter Arm, um zum Ende des Einatmens ihren Bewegungsendpunkt gleichzeitig zu erreichen. Mit dem Ausatmen werden Arm und Bein wieder gleichmäßig abwärts geführt. Einige Male wiederholen. Dann auf den Rücken rollen lassen.

Mit der Einatmung auf die rechte Seite drehen und die Übung auch hier mit linkem Bein und linkem Arm einige Male ausführen. Anschließend auf den Bauch rollen lassen.

In der Bauchlage den Kopf entweder auf das Kinn oder auf die Stirn aufsetzen. Die Arme liegen entspannt entlang des Körpers.

Mit dem Einatmen ein gestrecktes Bein soweit als möglich nach oben bringen. Das Becken sollte trotzdem am Boden liegenbleiben können. Mit dem Ausatmen wird das Bein wieder zum Boden geführt. Einige Male ausführen, dann ebenso mit dem anderen Bein.

Anschließend die Hände unter die Oberschenkel legen. Mit dem Einatmen ziehen beide Beine hinauf (Heuschrecke). Hier kann mit den Händen abgestützt werden. Mit dem Ausatmen kommen beide Beine wieder herunter.

Die Hände in Schulterhöhe auf dem Boden aufsetzen. Beim Einatmen zieht der gesamte Oberkörper hinauf (Kobra) und wird mit dem Ausatmen wieder hinuntergeführt. Die Arme haben hier lediglich abstützende Funktion.

Die Hände werden auf dem Rücken gefaltet, die Schultern liegen entspannt am Boden. Mit dem Einatmen ziehen die gestreckten Arme den Oberkörper hinauf, mit dem Ausatmen geht der Körper in die Ausgangsposition zurück.

Der Körper liegt entspannt, die rechte Hand greift nach dem rechten Fuß. Mit dem Einatmen zieht sich der Oberkörper am Fuß hinauf. Mit dem Ausatmen wieder zurück in die Ausgangsposition. Das gleiche mit der anderen Seite durchführen.

Beide Hände fassen beide Fußgelenke. Mit der Einatmung zieht sich der ganze Oberkörper an den Beinen hinauf. Hier können die Oberschenkel gleichzeitig vom Boden weggezogen werden. Mit dem Ausatmen geht der Körper zurück in die Ausgangsposition.

Arme nach oben ausstrecken. Mit einer Einatmung auf den Rücken drehen. Kurze Pause. Mit einer Einatmung aufsetzen.

Übungen sitzend und kniend

Mit gerader Wirbelsäule aufrecht sitzen. Nun mit leichtem Ausblasen und ohne einen Buckel zu machen, nach vorn wippen. Das Wippen nach hinten erfolgt in der Entspannungsphase, hier kann der Körper die Luft zum Einatmen wieder von selbst ansaugen. Einige Male vor und zurück wippen.

Sitzend eine Fußspitze anfassen. Um hier in der Wirbelsäule gerade zu bleiben, ist es notwendig, das Bein entsprechend anzuwinkeln. Mit dem Einatmen das Bein vom Boden weg- und hinaufheben. Mit dem Ausatmen wieder in die Ausgangsposition zurückkommen. Das gleiche nun mit dem anderen Bein.

Variation 1: Wenn das Bein nach dem Einatmen oben ist, mit dem Ausatmen eine Kreisbewegung beginnen. Beim Ausatmen wird der Fuß nach innen und hinunter geführt, beim Einatmen nach außen und wieder hinauf. Nach einigen Kreisen wird die Bewegungsrichtung geändert. Mit dem Ausatmen den Fuß nach außen und unten führen, beim Einatmen nach innen und hinauf. Das gleiche nun mit dem anderen Bein.

Variation 2: Wenn das Bein nach dem Einatmen oben ist, mit dem Ausatmen eine Spiralbewegung abwärts beginnen, Atmen wie in Variation 1, jedoch das Bein nicht auf den Boden aufsetzen. Unten angekommen wird die Spirale wieder hinaufgeführt. Beim Einatmen nach innen und hinauf führen, beim Ausatmen nach außen und hinunter. Oben angekommen wird die Spirale wieder abwärts geführt und schließlich der Fuß aufgesetzt.

Nun die Spirale mit dem anderen Bein ausführen.

In der aufrechten Position werden die gestreckten Beine gegeneinander verschoben. Die Bewegung kommt aus dem Becken heraus, die Schultern sollen also völlig unbeteiligt und entsprechend entspannt sein. Das Ausatmen (auf *sch*) verläuft relativ schnell. Ist das Bein vorn, sofort entspannen (Mund schließen). So wird das Ansaugen der Luft vom Zwerchfell her

geregelt. Im Laufe der Zeit kann man die Verschiebung der Beine gegeneinander immer schneller werden lassen und so sehr schnelles Ansaugen der
Luft trainieren.

In den Fersensitz setzen. Mit dem Einatmen führt ein Beckenimpuls
dazu, daß der Körper auf die Knie hinaufgezogen wird. Das Becken führt
die Bewegung gewissermaßen an, und der Rest des Körpers zieht nach. Mit
dem Ausatmen wieder zurück in die Ausgangsposition.

Ausgangsposition: Das rechte Bein kniet, das linke ist aufgestellt. Mit dem
Einatmen wird der rechte Arm vor dem Körper in einem Halbkreis hinaufgeführt. Mit dem Ausatmen vollführt der Arm den zweiten Halbkreis nach
hinten und hinunter, während das Gesicht der Hand folgt. Zum Ende des
Ausatmens wieder in der Ausgangsposition ankommen. Einige Male
durchführen.

Die Position wechseln (spiegeln) und die Bewegung mit dem anderen Arm
ausführen.

Das Einsingen am Klavier

Die Indifferenzlage

Beginnen wir das Einsingen am Klavier in einer Lage, wo sichergestellt ist, daß das »Aufwärmen« der Stimme in keiner Weise mit auch nur der geringsten Anstrengung verbunden ist. Diese Lage wird als *Indifferenzlage* oder auch *Phonischer Nullpunkt* bezeichnet. Hier ist eine Stimmgebung mit dem geringsten Aufwand an Energie möglich. Interessanterweise wählt die Stimme diesen Bereich für das Sprechen automatisch, jedoch unter der Voraussetzung, daß der/die Betreffende sich in einem Zustand der Entspannung befindet. Der Indifferenzton ist also naturgegeben, und dieser Bereich wird sofort verlassen, wenn eine Person sich beispielsweise aufregt. Dann nämlich geht die Stimme hörbar hinauf. Viele Stimmbildner gehen davon aus, daß sie am Indifferenzton die Zugehörigkeit zur *Stimmgattung* feststellen können. So bewegen sich tiefe Stimmen (Alt und Baß) eher im Bereich um g/gis, hohe Stimmen (Sopran/Tenor) um h/c und mittlere Stimmen (Mezzo/Bariton) dazwischen, also a/ais.

Aber, wollen wir uns dadurch eingrenzen lassen? Ist die Frage nach der Zugehörigkeit zu einer bestimmten Gattung denn wirklich notwendig – und wenn ja, wozu? Wir sollten uns daran erinnern, daß die Einteilung in die vier Hauptgattungen im wesentlichen als ein Resultat aus der Opernentwicklung anzusehen ist und daher eigentlich ausschließlich unsere westliche Musikkultur betrifft. Andere Kulturen unterscheiden in zwei Gattungen, nämlich männlich und weiblich.

> »... durch diese Unterteilung der Geschlechter ahmte die Gruppe die Absprachen des Tausches, des Ehehandels nach. In unserer westlichen Gesellschaft triumphiert Ödipus durch die vier Stimmlagen der Oper hindurch: die ganze Familie ist da, Vater, Mutter, Mädchen und Junge werden symbolisch in den Baß, den Alt, den Sopran und den Tenor projiziert, welches auch immer die Windungen der Geschichte und die Rollenvertauschungen sein mögen«[24]

So beschreibt Roland Barthes den Unterschied zwischen musikalisch konstituierter Kleinfamilie und globalen Strukturen des Zusammenlebens und (daraus resultierend) der Kommunikation. Ich denke, daß ein entscheidender Aspekt des (so ziemlich ausgereizten) Begriffes »Ödipuskomplex« in der verzweifelten Suche nach Ganzheit liegt. Der Sohn darf nicht die Position des Vaters einnehmen, und daher bleibt Kampf das einzig (gesellschaftlich) legitimierte Mittel zum möglichen Ausweg aus der Misere.

Allerdings setzt sich ein wirklich ganzheitlich ausgerichtetes System zur Bildung der Stimme über derartige Reglementierungen hinweg. Der Mann ist sowohl Sohn als auch Vater, die Frau sowohl Tochter als auch Mutter. Ich hörte von Frauen, die in der Lage sind, Baßarien zu singen, in Originallage, versteht sich. Und ich denke, daß wir mit derartigen Vorstellungen von persönlicher und stimmlicher Entwicklung wesentlich weiter kommen als mit dem Festhalten an der Frage nach »... Sopran oder nur Mezzo«. Hier ist die Vision, die Richtung entscheidend und nicht das bloße Ausfüllen gesteckter Grenzen.

Daher gehe ich davon aus, daß auch der Indifferenzton relativen Schwankungen unterworfen sein muß, mal höher, mal tiefer. Das physische Empfinden der geringsten Anstrengung schreibt sich in den Körper und kann nun allmählich auf andere Ebenen der Tongebung transferiert werden. Jedoch möchte ich aus technischen Gründen als meinen musikalischen Bezugs- und Ausgangston das c beziehungsweise c′ wählen. Die eventuellen Abweichungen sollten individuell getroffen werden.

Das Anblasen

Der Stimmansatz kann auf die gleiche Art und Weise (wie in der Urübung beschrieben) hinunter und hinauf geführt werden. Hierbei hilft die Vorstellung des Anblasens, also so, als würden wir leicht in eine Kerzenflamme blasen, wobei wir die Flamme nicht auspusten, sondern sie lediglich ganz leicht zum Flackern bringen. So läßt sich der Stimmambitus auf eine natürliche Weise ausweiten. Die Töne werden immer mit Leichtigkeit genommen, was besonders für jene tonlichen Bereiche wichtig ist, die uns nicht oder noch nicht selbstverständlich für das Singen zur Verfügung stehen. Hier sei noch einmal auf die von Rosetti 1529 geforderte leise und gelinde Tongebung hingewiesen. Die Kehle wird wirklich aufgewärmt und die Stimme gereinigt.

(usw...)

Es ist nicht wichtig, daß die Töne lang ausgehalten werden. Die ganze Note am Anfang der Übung hat also lediglich relativen Bezugscharakter. Jedoch sollte darauf geachtet werden, daß der Übergang vom Ausatmen zum Stimmansatz weich und nahtlos bleibt. Nach jeder Note ist abzusetzen und in der Folge leicht und mühelos einzuatmen (möglichst ohne Schnaufen).

Wo wir gerade bei der Frage nach dem Einatmen sind. Wie soll es geschehen, und wie wird es ohne Schnaufen möglich? Einatmungsgeräusche sind für viele Menschen eine völlig selbstverständliche Sache, und man kann sich kaum vorstellen, daß es auch anders gehen kann. Soll durch den Mund oder durch die Nase eingeatmet werden? Ich habe im Zusammenhang mit der Urübung erwähnt, daß der Einatmungsreflex durch ein Entspannen in der Bauchregion ermöglicht wird. Diese Entspannungsphase erreichen wir mit der Anblasübung leicht, wenn wir mit der Zäsur den Mund schließen. Durch das Schließen des Mundes wird das Zwerchfell einen Moment lang entspannt. Und hierdurch wird reflexives Einatmen, also ein Geschehenlassen der Einatmung, zunächst leichter möglich sein, als durch die durch Offenhalten des Mundes signalisierte Bereitschaft weiterzuarbeiten. Später, wenn reflexives Einatmen selbstverständlich geworden ist, kann auch durch den Mund eingeatmet werden beziehungsweise durch Mund und Nase gleichzeitig. Natürlich ist beim Singen das Einatmen durch den Mund dem Atmen durch die Nase vorzuziehen, da es in der Regel wesentlich schneller geht, wenn beides gleichzeitig nicht möglich sein sollte. Jedoch empfehle ich für die Anblasübung das Schließen des Mundes bei jeder Zäsur mit anschließendem, geräuschlosem Einatmen. Auch wenn der Vorgang des Einatmens dadurch anfangs länger dauern sollte, trainiert es das Zwerchfell zu reflexivem Einatmen.

Das Anblasen wird am besten zunächst chromatisch (halbtonmäßig) abwärts durchgeführt. Kommen wir zu den untersten Tönen, so ist hier mit der gleichen Leichtigkeit anzusetzen wie weiter oben. Die Töne dürfen weder forciert werden, noch ist von dem Versuch abzusehen, sie durch Tiefstellen des Kehlkopfes zu erreichen. Nur so weitet sich allmählich der Stimmumfang auf eine natürliche Weise aus. Anschließend die Skala wieder chromatisch hinaufgehen bis zum Ausgangston (z. B. c/c′) und von da an schrittweise hinauf.

Bei c′ (c″ für die Frauenstimmen) sollte an eine Vorbereitung des *Kopfregisters* gedacht werden. Der luftige und daher leichte Ansatz, wie er durch die Vorstellung des Anblasens erreicht wird, ermöglicht in jedem Fall ein müheloses Hinübergleiten in den Kopfresonanzbereich. Hier wird eines der wesentlichen Ziele einer jeglichen Stimmbildung, die *Registervereinigung*, von Anfang an geübt.

Weit hinauf singen zu wollen scheint unter den Sängern und Sängerinnen eine weit verbreitete Sportart zu sein. Dagegen läßt sich grundsätzlich nichts einwenden. Jedoch sollte dieser Sport auf die Dauer nicht auf Kosten der Stimme gehen. Anders ausgedrückt, wenn wir ständig bemüht sind, bestimmte Töne zu erreichen und unseren Körper daher unter Spannung (Verspannung) setzen, gewöhnt sich der Körper an diese »Einstellung« und wird noch höhere Töne (für die Tiefe gilt im übrigen dasselbe) nur unter noch größerer Anstrengung zulassen können. Sie müssen dem Körper regelrecht abgerungen werden, da er sie nicht von selbst zu geben bereit ist. Jedoch wird sich der Körper im Laufe der Zeit mit eventuell immer häufiger auftretenden stimmlichen Indispositionen zurückmelden. Wir können es uns also aussuchen. Töne dürfen nicht erkämpft werden! Schließlich versucht man ja auch nicht, aus einem Samen innerhalb eines Tages eine Blüte zu ziehen. Wiederholung gewöhnt den Körper an die Vorgänge. So werden im Laufe der Zeit neue Türen (Töne) geöffnet.

Bei den meisten Menschen jedoch muß die Stimme zunächst einmal gesunden können, das heißt in tiefer Mittellage etwa um den Indifferenzbereich herum in ihrer natürlichen Funktionalität wiederhergestellt werden. Dies ist besonders bei bereits vorhandenen Stimmstörungen wichtig. Das bedeutet, daß die stimmliche Leistungsfähigkeit anfangs auf einen sehr kleinen Bewegungskreis (Stimmumfang) beschränkt bleibt. Beim Versuch diesen Rahmen zu sprengen, stellen sich in der Regel sofort wieder die alten Probleme (etwa Heiserkeit) ein. Hier hilft Geduld und ständiges Üben im Sinne einer liebevollen Beschäftigung, nicht nur beim stimmlichen Gesundungsprozeß, sondern auch beim Ausweiten des Stimmambitus.

Die beiden oben notierten Beispiele decken den Stimmumfang über drei Oktaven hinweg ab. Wird dieser Bereich erst einmal ausgefüllt (die meisten der Teilnehmer/innen an meinen Seminaren für Fortgeschrittene empfinden die drei Oktaven sehr bald als durchaus normal), steht dieser Ambitus (wer fragt hier noch nach Sopran oder Mezzo?) als potentielle stimmliche Leistungskapazität für die Zukunft bereit. Über drei Oktaven singen zu können ist doch eigentlich schon etwas, wenngleich die Stabilisierung dieser Qualitäten sicherlich einige Zeit in Anspruch nehmen wird. Aber hier sind die Grenzen der stimmlichen Möglichkeiten noch lange nicht erreicht. Es werden sich im Laufe der Zeit neue Töne melden, neue Räume auftun. Und durch diese Ausweitung nach oben wie nach unten wird sich schließlich auch die vierte Dimension (natürlich meine ich die vierte Oktave) in unseren Dienst stellen. Die Frage, ob es dann noch weitergeht, kann ich mit meinem derzeitigen Informations- und Erfahrungsstand nicht beantworten. Ein Ja erscheint mir jedoch eine durchaus logische Antwort, und wer fragt hier noch nach Sopran oder Alt? Nach der Anblasübung empfehle ich, wie nach den anderen Übungen auch, eine kurze Pause (eine bis zwei Minuten). In den Pausen sollte auf das Körpergefühl geachtet werden. Wie fühlt sich der Bauch (das Zwerchfell) an, wie der Hals-Kehlbereich? Im Hals sollte man sich niemals müde oder gar angegriffen fühlen. Im Zwerchfellbereich kann sich manchmal bemerkbar machen (besonders bei den noch folgenden Übungen), daß körperliche Arbeit geleistet wurde.

Ausweiten der Stimmbewegung

Mit der folgenden Übung wird der Bewegungsraum der Stimme langsam ausgeweitet.

we we we wa wa wa we we we wa wa wa———— we we we usw.........

Vollzog sich oben das Anblasen noch ausschließlich auf einem Ton, so finden wir hier eine Abwärtsbewegung in drei aufeinanderfolgenden Ganztönen. Der Anblaseffekt bleibt auch hier (durch das *w...*) erhalten. Ferner besteht bereits die Möglichkeit, hinsichtlich der Artikulation auf

160

eine Lockerheit der Kiefergelenke zu achten. Den Unterkiefer also mit der Bewegung leicht hinunterklappen lassen. Als Tempo für die Übung kann *Andante* gewählt werden. Die halbe Pause am Ende einer Phrase sollte genügend Zeit lassen, um den Einatmungsreflex auszulösen, und das Einatmen selbst möglichst ohne Atemgeräusch geschehen zu lassen. Also auch hier wieder den Mund schließen (vorerst!) und den Atem leicht in die Flanken und ins Becken fließen lassen. Die Übung wird zunächst chromatisch abwärts geführt bis zu den unteren Grenzen des Stimmambitus, dann ebenso hinauf. Auch hier wiederum auf den Übergang zum Kopfregister achten. Leichtes Ansetzen der Phrase hilft, den *Registerbruch* zu vermeiden. Wenn die oberen Grenzen erreicht sind (ich erinnere daran, nicht um die höchsten Töne zu kämpfen), wiederum eine kurze Pause einlegen. Auf das Körpergefühl achten!

Phrasenökonomie

Ging es in der ersten und zweiten Übung noch um leichtes und luftiges Anblasen der Töne mit entsprechender »Verschwendung« der Atemluft, so ist die nun folgende Übung eine Form des Trainings zur Ökonomie in der Atemführung. Ein Liedanfang, etwa zwei Takte, soll auf einem Atem gesungen werden, ohne daß man dabei in atemtechnische Bedrängnis kommt. Hier ist also gefordert, weniger Luft zu lassen und trotzdem einen leichten Stimmansatz beizubehalten. Über die Regulierung des Tempos kann eine eventuelle Luftknappheit am Ende der Phrase ausgeglichen werden. Einfacher ausgedrückt, wenn die Luft am Phrasenende knapp wird, ist das Tempo etwas schneller zu nehmen. Grundsätzlich läßt sich diese Übung mit jedem Liedanfang durchführen. Es ist jedoch hilfreich, wenn die Melodie keine allzu großen Intervallsprünge hat. Der Einfachheit und Bekanntheit halber habe ich mich hier für

entschieden. Obwohl in C notiert, möchte ich auch hier vorschlagen, in der Indifferenzlage zu beginnen, also eventuell tiefer. Anschließend das Lied chromatisch soweit es eben geht hinaufführen. Es sollte ebenso auf die

Vorbereitung des Kopfregisters geachtet werden (hier empfiehlt es sich, unter Umständen wieder etwas mehr Luft zu lassen), da sich ansonsten sehr bald das Gefühl von Enge im Hals einstellen kann. Darüber hinaus kann die Bedeutung des leichten Singens, besonders im Kopfregister, nicht genug herausgestrichen werden. Das Brustregister wird so nicht mit Kraft hinaufgezogen (ich erinnere an Duprez), vielmehr sucht sich der Ton seine Klangentfaltung im Kopf. Wenn die Grenze nach oben erreicht ist, wieder eine kurze Pause einlegen. Auf das Körpergefühl achten!

Gezielte Zwerchfellaktivierung

Nach den Übungen der Entspannung und der Ökonomie folgt nun die konkrete Aktivierung des Zwerchfells. Das »Hecheln« kann eingesetzt werden, um die Leistungsfähigkeit des Hauptatemmuskels zu fördern. In aufrechter Sitzhaltung (die Wirbelsäule sollte gerade sein) lege man die Fäuste in den Flankenbereich, damit man die Zwerchfellbewegung in den Flanken besser fühlen kann. Der Mund wird geöffnet, gegebenenfalls die Zunge leicht nach vorn gestreckt. Leichtes, aber sehr schnelles Aus- und Einatmen durch den Mund ermöglicht eine rapide Zwerchfellaktivität. Manchmal hilft dabei die Vorstellung von einem kleinen Hund, der durstig ist! Außer in den Flanken sind die Bewegungsimpulse auch im Beckenboden zu spüren, so als würde der Beckenboden mit jedem Impuls leicht gegen die Sitzfläche schlagen. Hier können verschiedene Atemkanäle ausprobiert werden, also ausschließlich durch den Mund, ausschließlich durch die Nase oder durch den Mund und Nase gleichzeitig atmen. Sollte ein schnelles Hecheln noch nicht gleich möglich sein, kann langsamer begonnen und das Tempo allmählich gesteigert werden. Kurze Pause.

Die Zwerchfellimpulsivität

Hier soll die Arbeitsleistung des Zwerchfells trainiert werden. Als Impulsübung verwende ich ...pa – pa – pa – pa – pa..., eine reine »Sprech«-Übung. Die Fäuste sind weiterhin im Flankenimpuls nach außen gedrückt. Die Lippen bleiben entspannt, und es gibt mit dem Impuls so etwas wie eine kleine »Explosion« im Lippenbereich. Nach jedem *pa* schließen die Lippen sofort wieder, Luft wird mit dem Zwerchfellreflex durch die Nase angesaugt, und das Nachlassen in den Flanken läßt die Fäuste wieder hineingehen. In dieser Weise verläuft jeder *pa*-Impuls. Noch ein Wort zum Einatmen: Wer »schnauft«, läßt nicht genug locker! Übung etwa eine Minute lang machen. Kurze Pause.

Impulsübung mit verschiedenen Tönen

Ist das *pa – pa – pa – pa – pa*... als Sprechübung gelungen, kann es auch in eine melodische Phrase eingebaut werden.

Die *staccato*-Artikulation ist ein kurzes »Abspannen« zwischen den einzelnen Impulsen. Dadurch wird ein Erneuern der Atemluft (bei geschlossenem Mund) auf sehr selbstverständliche Weise möglich. Die Akzentuierung auf der höchsten Note erlaubt eine unterschiedliche Impulsstärkenregelung mit dem Zwerchfell. In höheren Lagen kann die Akzentuierung für eine Sicherheit der Intonation sorgen, wenn man den Ton sozusagen mit dem Körper (Zwerchfell) »greift«. Keine Angst! Wenn das Zwerchfell zwischendurch immer wieder »abgespannt« wird (durch Schließen des Mundes), bleibt es flexibel und kann die erforderliche Arbeit leisten. Die Lippen sollten auch beim *p* entspannt bleiben. Ich empfehle, die Übung nicht ausschließlich im Kopfregister durchzuführen. So kann sie natürlich nicht so weit hinaufgeführt werden wie beispielsweise die Anblasübung. Sie dient vielmehr der sukzessiven Ausweitung des Brustregisters und damit letztlich auch des Stimmambitus überhaupt.

An dieser Stelle möchte ich darauf hinweisen, daß mit den Übungen kreativ umgegangen werden sollte. Man kann sich also durchaus Variationen oder ganz neue Übungen ausdenken. So ließe sich vorhergehende Übung auch in dieser Form durchführen:

Hier käme noch erschwerend hinzu, daß der höchste Ton mit dem stärksten Impuls als erster angesetzt werden müßte. So wird die Übung hinsichtlich einer erforderlichen genauen »Tonvorstellung« am Anfang intonationstechnisch noch etwas schwieriger gemacht. Kurze Pause nicht vergessen!

Impulsübungen sind für das Zwerchfell außerordentlich wichtig. Der Zwerchfellmuskel wird trainiert, und wir bekommen das Vertrauen in die Leistungsfähigkeit unseres Körpers. Daher möchte ich gleich noch einige weitere Impulsübungen vorstellen, die unterschiedlichen musikalischen Erfordernissen gerecht werden.

Bei dieser Übung soll einerseits auf ein durchgehendes *staccato* und damit verbundenem Absetzen zwischen den Silben *ju* und *hu* geachtet werden, andererseits auf eine Akzentuierung des höchsten Tones. Da gemäß der Taktangabe der stärkere Impuls immer auf *hu* kommt, lernen wir, unter Einbeziehung der Akzentuierung der höchsten Note, drei unterschiedliche Impulsstärken zu entwickeln. Besonders in den hohen Lagen soll die höchste Note mit dem Zwerchfell »gegriffen« werden, was zu Intonationssicherheit und zu einer sukzessiven Ausweitung des Brustregisters führt. Nach dem *hu* sollte der Mund geschlossen werden. Der Zwerchfellreflex ermöglicht das Ansaugen der Atemluft. Die Übung soll soweit wie möglich hinaufgeführt werden. Anschließend kurze Pause. Wie ist das Körpergefühl?

Bei den folgenden beiden Übungen wird der Höhepunkt gleich zweimal erreicht. Hier kann in höheren Lagen des Brustregisters die Intonationssicherheit geübt werden, denn beide Höhepunkte sollten exakt dieselbe (richtige) Tonhöhe haben. Soweit als möglich hinaufführen, dann kurze Pause einlegen und auf das Körpergefühl achten.

Ju - hu, ju - hu, ju - hu, ju - hu____

Die Beweglichkeit der Stimme

Die erste Übung der Stimme besteht darin, wie eine Ziege zu meckern. Die Stimme wird so in einem leichten *staccato*, aber trotzdem immer leicht und in angenehmer Mittellage geführt. Kurze Pause! Körpergefühl?

Anschließend soll dieselbe Leichtigkeit auch auf unterschiedliche Tonhöhen transferiert werden und kann als Übung chromatisch hinaufgeführt werden. Hier empfiehlt sich, das Tempo recht zügig zu nehmen (etwa Viertel = 120 oder schneller), damit die Leichtigkeit des Meckerns erhalten bleiben kann. Natürlich kann man statt der Silbe *mäh* auch die Silbe *juh* verwenden.

mäh____
juh____

Wie vielleicht schon vermutet wurde, liegen in dieser und auch in der folgenden Übung die Vorbereitungen für das Singen von Koloraturpassagen. Bei der folgenden Übung wird das noch deutlicher:

mäh____
juh____

Bei beiden Übungen sollte die Leichtigkeit des Meckerns in allen Lagen erhalten bleiben. Soweit als möglich hinaufführen und dann wieder eine kurze Pause einlegen. Natürlich können die Übungen variiert oder gänzlich neu gestaltet werden.

Für die Entwicklung der Klangräume im Kopfbereich schlage ich zunächst folgende leichte Portamentoübung auf *m* vor:

Die Entfaltung von Brillanz in der Stimme ist abhängig davon, wieviele Obertonanteile hervortreten, die, jedem Ton »beigemischt«, in wesentlichem Maße die Klangfarbe, also das Timbre der Stimme, beeinflussen. Um die Stimme obertonreicher, also brillanter werden zu lassen, sollte man die verschiedenen Resonanzräume im Kopf kennenlernen.

Wenn wir also die Übung durchführen, können wir zunächst (bei geschlossenen Lippen) auf eine Resonanzentwicklung im Bereich der oberen Zahlenreihe achten. Diese Schwingung überträgt sich ebenso auf den Raum hinter der Nase und anschließend auf Stirn und Schädeldecke. Die Aufmerksamkeit hinsichtlich dieses Empfindens kann genau in der genannten Reihenfolge verlaufen. Später wird man bemerken, daß eigentlich alle Räume gleichzeitig schwingen. Die Zunge bleibt entspannt im Mundinnenraum liegen, wodurch auch die Mundhöhle eine wesentliche Funktion als Klangraum erhält. Die Lippen sollten so entspannt wie möglich bleiben, und zwischen Oberlippe und oberer Zahnreihe bleibt ein kleiner Raum als sogenanntes Klang-Luft-Polster, das das individuelle Resonanzempfinden sehr verstärkt.

Natürlich kann die Übung auch auf *n* gemacht werden. Hier hilft die Veränderung der Positionierung der Zungenmitte (mal mehr zum Gaumen hinauf, mal mehr hinunter) dabei, die Obertöne noch stärker hervortreten zu lassen als in der Übung mit *m*.

Als eine Variante, die noch dazu einen größeren Tonraum ausfüllt, kann ein Akkord gebildet werden. Auch hier beide Konsonanten ausprobieren.

Beide Übungen sollten ohne Anstrengung soweit als möglich hinaufgeführt werden. Danach wieder eine Pause einlegen und auf das Körpergefühl achten. Diesmal allerdings besonders im Kopfbereich, denn der Kopf kann nach den Übungen unter Umständen ziemlich nachschwingen.

Hörende Imagination

Abschließend möchte ich noch eine Übung erklären, die sehr dazu beiträgt, die Genauigkeit in der Tonvorstellung zu trainieren. Intonationssicherheit entsteht nämlich aus dem inneren Hören und der damit verbundenen Zielvorstellung. Eigentlich muß man einen Ton innerlich hören können, um ihn exakt zu singen. Fällt das innere Hören weg oder ist es stark eingeschränkt, wird die Tonhöhenkorrektur anders, aber nicht unbedingt sinnvoller vorgenommen. Um das innere Hören mehr und mehr zu entwickeln, empfehle ich das Singen von Skalen, wobei wahlweise einzelne Töne ausgelassen werden können, die aber sehr wohl (und zwar im Tempo) gedacht werden sollen. Die Skala kann über eine Oktave gesungen werden, und zwar hinauf und auch wieder hinunter. Es werden sich nämlich beim Hinaufsingen andere Probleme der geistigen Intonationssicherheit ergeben als beim Hinuntersingen, was sich dann besonders beim nachfolgenden (wirklich gesungenen) Ton bemerkbar machen wird.

Ich habe mich hier mit einer C-Skala begnügt. Interessant wird das ganze jedoch, wenn wir auch andere Tonleitern heranziehen, Kirchentöne beispielsweise, aber warum nicht auch indische oder arabische Tonleitern. Natürlich können auch mehrere Töne in einer Skala ausgelassen werden (das Ergebnis ist am Anfang meistens lustig). Interessierten empfehle ich die *Complete Encyclopedia of Scales* als Arbeitsmaterial zur kreativen Gestaltung der Übungen für die hörende Imagination.

Zum Abschluß

möchte ich noch darauf verweisen, daß es sich bei den notierten Beispielen um Vorschläge handelt, die für gewisse Themenbereiche ausgewählt wurden. Da es wohl unzählige Übungsbeispiele für die Arbeit mit der Stimme gibt, könnten oder sollten die entsprechenden Themenbereiche und die Übungen dafür zusammengestellt werden. Auf der Basis einer gesunden Stimmfunktion läßt sich eigentlich jede Übung für eine Weiterentwicklung der stimmlichen Kapazitäten und Möglichkeiten heranziehen. Aber von Stimmübungen einmal abgesehen, ist es das beste, *zu singen, singen und nochmal zu singen*. Alles Gute auf Ihrem Weg der Stimme!

Anmerkungen

1 Christa Mulack: *Maria – Die geheime Göttin im Christentum,* Stuttgart, 1985, Seite 36
2 Peter Giles: *The Counter Tenor,* London, 1982, Seite 78/79
3 *The Counter Tenor,* Seite 79
4 *The Counter Tenor,* Seite 79/80
5 *The Counter Tenor,* Seite 78
6 *The Counter Tenor,* Seite 78
7 B. Rossetti: *Libellus de rudimentis Musices,* zitiert aus Bernhard Ulrich: *Über die Grund-*
   sätze der Stimmbildung während der Accapella-Periode und zur Zeit des Aufkommens der
   Oper – 1474–1640, Leipzig, 1910, Seite 52/53
8 P. F. Tosi: *Opinioni de' cantori antichi e moderni,* Bologna, 1723
9 Wolfenbüttel, 1619
10 *Syntagma musicum III,* Seite 231
11 Nach Joseph Müller-Blattau (Hrsg.): *Die Kompositionslehre H. Schützens in der Fassung sei-*
   nes Schülers Christoph Bernhard, Kassel, 1963, Seite 39
12 P. Mario Marafioti: *Caruso's Method of Voice Production,* New York, 1949
13 *The Counter Tenor,* Seite 118
14 *The Counter Tenor,* Seite 118
15 Wilhelm Reich: *Charakteranalyse,* Köln, 1989, Seite 372 ff.
16 *Charakteranalyse,* Seite 375
17 Roland Barthes: *Was singt mir, der ich höre in meinem Körper das Lied,* Berlin, 1979, Seite
   19 ff.
18 Hazrat Inayat Khan: *The Music of Life,* Santa Fe, 1983, Seite 94
19 siehe auch Rudolf Haase: *Harmonikale Synthese,* Wien, 1980, Seite 31 ff.
20 *Der kleine Hey – Die Kunst des Sprechens,* Mainz, 1956 (revidierte Auflage 1971), Seite 80
21 Jorgos Canacakis in *Kunst und Therapie* Band VIII, Münster, 1986
22 Laeh Maggie Garfield: *Der heilende Klang,* München, 1988, Seite 43 ff.
23 Jorgos Canacakis in *Kunst und Therapie*
24 Roland Barthes: *Was singt mir, der ich höre in meinem Körper das Lied,* Seite 8/9

Ann Holdway
Kinesiologie
Der goldene Schlüssel zur
Weisheit des Körpers
176 Seiten mit 23 S/w-Abb.,
kart.
ISBN 3-591-08381-X

Kinesiologie ist ein ganzheitlicher Ansatz zur Balancierung
aller Bewegungen und Interaktionen im menschlichen
Energiesystem, der oft auf scheinbar magische Weise zu einer
unmittelbaren Steigerung des Wohlbefindens führt.
Dieses Buch erklärt, wie sich die Kinesiologie entwickelt hat,
wie sie wirkt, was von einer kinesiologischen Behandlung zu
erwarten ist, und wie Sie sich mit dieser Methode selbst helfen
können. Außerdem erfahren Sie etwas über die neuesten
Schulen und Richtungen der Kinesiologie und darüber, wohin
Sie sich wenden können, wenn Sie sich behandeln lassen wollen
oder selbst eine Ausbildung machen möchten.

AURUM VERLAG • BRAUNSCHWEIG

Romeo Alavi Kia
Renate Schulze-Schindler

Sonne, Mond und Stimme

Atemtypen in der Stimm-
entfaltung
160 Seiten mit 38 s/w-Abb., kart.
ISBN 3-591-08349-6

Dieses Buch ist eine Offenbarung für alle, die im musik-
pädagogischen Bereich nach neuen Möglichkeiten
suchen – in erster Linie nach der Möglichkeit, sich selbst in
einem musikalischen Kontext neu zu entdecken. Und das
erste, was es da zu entdecken gibt, ist, daß wir nicht alle
gleich funktionieren. Es gibt zwei Atemtypen – Einatmer
und lunare Typen und Ausatmer oder solare Typen – und
die brauchen Unterschiedliches, wenn es um die Entfaltung
ihrer Stimme geht.

Einatmer oder Ausatmer sind wir von Geburt an, und wir
bleiben das eine oder andere unser ganzes Leben lang. Zwar
können wir uns eine andere Art zu atmen „angewöhnen",
aber in der Regel wird das dazu führen, daß wir „irgendwie
Probleme mit dem Singen" haben.

Hier erfahren Sie nicht nur, zu welchem Atemtyp Sie selbst
gehören, sondern auch, welche Übungen zu Ihrem Typ passen.

AURUM VERLAG • BRAUNSCHWEIG